Latein

Ein Kurs für Anfänger

von
Karel Karlsson

... v.Kloeden

Titelfoto: Fotosearch Bildagentur

ISBN 978-3-920564-90-6

Inhaltsverzeichnis

Hallo!
Es ist gut, dass Du Latein lernen willst. Damit gehörst Du einer kleinen Elite an. Das sollte Dich mit Stolz erfüllen.
Latein triffst Du auch heute noch überall an, und zwar in Form von Lehnwörtern, aber auch schon mal unverfälscht als lateinische Redewendung.

Latein war Amtssprache des Römischen Reichs und wurde so zur dominierenden Verkehrssprache im westlichen Mittelmeerraum. Während sich aus der gesprochenen Umgangssprache, die romanischen Sprachen entwickelten, blieb das Latein der römischen Schriftsteller auch als tote Sprache bis in die Neuzeit die führende Sprache der Literatur, Wissenschaft, Politik und Kirche.
Gelehrte wie Thomas von Aquin, Petrarca, Erasmus, Luther, Kopernikus, Descartes oder Newton haben Werke in Latein verfasst. Bis ins 19. Jahrhundert wurden die Vorlesungen an den Universitäten in ganz Europa auf Latein gehalten.

Das Alphabet:

A B C D E F (G) H I K L M N O P Q R S T V X

Da wir unser Alphabet von den Römern haben, ist das Lateinische Alphabet das Gleiche wie das unsere, allerdings gibt es einige Ausnahmen:

Latein kennt kein **W**

Latein kennt zwar K aber es wird nur in Lehnwörter aus dem Griechischen benutzt, während Latein das **C** wie ein K benutzt.

Das **I** wird mal als I mal als J ausgesprochen

Und das **V** wird als U gelesen, aber vor einem Vokal als V

C war lange Zeit gleichzeitig C(k) und G(k), da es kein G gab.

Aussprache

Die meisten Buchstaben werden wie im Deutschen ausgesprochen.
a, e, i, o, u, y: Es gibt sie als langer Vokal oder als kurzer.

Dann gibt es **Diphthonge** (Doppellaute):

ae	gesprochen	ei	(m**ei**n)
au	gesprochen	au	(H**au**s)
ei	gesprochen	ej	(Pleb**ej**er)
ie	gesprochen	i-e	(getrennt sprechen)
oe	gesprochen	eu	(H**eu**)

Konsonanten

c	gesprochen	k	(**K**arl)
ch	gesprochen	k	(**Ch**aos)
gn	gesprochen	ng	(Fa**ng**)
i	gesprochen	j	vor Vokal
ph	gesprochen	p	(**P**aul)
r	gesprochen	r	wie die Italiener r sprechen
s	gesprochen	s	stimmlos, wie in stimmlo**s**
ti	gesprochen	t und i	getrennt (ra**ti**o), nicht razio
u	gesprochen	w	vor Vokal (**W**ald)
v	gesprochen	w	(**W**ald)

Betonung

Bei einem zweisilbigen Wort ist die erste Silbe betont.
Wörter mit drei Silben oder mehr werden meistens auf der drittletzten betont.
Das sollte für den Beginn erst einmal reichen.

Teil I
Einführender Kurs mit Übungen

Wortarten

Nomina

Substantive
Adjektive
Pronomina (Fürwort)
Zahlwörter

Verben

Partikeln (Füllwort)

Adverbien (Umstandswort)
Präpositionen (Verhältniswort)
Konjunktionen (Bindewort)
Interjektionen (Ausrufewort)

Und nun beginnen wir mit dem ersten Satz auf Latein

puella pulchra est

puella, das Mädchen. Am Ende ist ein **a !!!** Das ist wichtig, denn es zeigt uns, dass puella weiblich ist und dass das Substantiv puella nach der a-Deklination gebeugt werden muss! Puella steht im Nominativ Singular!
Was ist eine Deklination? Die Deklination ist die Gesamtheit aller Kasus(Nominativ,Genitiv,Dativ, Akkusativ und Ablativ). Sie ist wichtig, um ein Nomen (Substantiv oder Adjektiv), den Satzverhältnissen in Kasus und Numerus anzupassen. Dabei verändert das Nomen seine Form, d.h. es wird gebeugt.
Das Adjektiv, in diesem Falle pulchra muss dem Substantiv immer in 3 Kategorien entsprechen:
1) in Geschlecht (Genus), pulchra ist weiblich
2) in Numerus, pulchra steht im Singular(Einzahl)
3) in Kasus, pulchra steht hier im Nominativ
Wir sprechen von der Kongruenzregel!

Wir sagen: Das Adjektiv muss kongruent sein. Wir sprechen von der Kongruenzregel!
Folglich muss das Adjektiv auch hier entsprechend sein. Pulchra wird nach der a-Deklination gebeugt.

pulchra (schön), **est** (ist)

Unser Satz oben übersetzt:

Mädchen schön ist

Den Artikel gibt es ja im Lateinischen nicht, also musst du ihn bei einer Übersetzung hinzufügen.
Es gibt im Lateinischen keine feste Satzordnung. Das Verb steht häufig am Ende des Satzes.

Erste oder a-Deklination

Substantive	**Singular**	**Plural**
Nominativ	puell-**a**	puell-**ae**
Genitiv	puell-**ae**	puell-**arum**
Dativ	puell-**ae**	puell-**is**
Akkusativ	puell-**am**	puell-**as**
Ablativ	puell-**a**	puell-**is**

Wie schon erwähnt, gibt es die **a-Deklination** auch bei den Adjektiven.

Adjektive auf -a

a-Deklination	**Singular**	**Plural**
Nominativ	pulchr **a**	pulchr **ae**
Genitiv	pulchr **ae**	pulchr **arum**
Dativ	pulchr **ae**	pulchr **is**
Akkusativ	pulchr **am**	pulchr **as**
Ablativ	pulchr **a**	pulchr **is**

Übungssätze

1 Puella pulchra est
2 Catena puellae pulchra est
3 Marcus puellae adest
4 Voco puellam
5 Cum puella
6 Puellae pulchrae sunt
7 Catenae puellarum pulchrae sunt
8 Puellis adsumus
9 Vocamus puellas
10 Cum puellis

Vokabeln: puella/Mädchen, pulchra/schön, est/ist, catena/Kette, Marcus/Markus, adest/hilft, voco/ich rufe, cum/mit dem, sunt/ sind, catenae(Plural)/Ketten, adsumus/wir helfen, vocamus/wir rufen.

Lösung

1 Das Mädchen ist schön.
2 Die Kette des Mädchens ist schön.
3 Marcus hilft dem Mädchen.
4 Ich rufe das Mädchen.
5 Mit dem Mädchen (Ablativ)
6 Die Mädchen sind schön.
7 Die Ketten der Mädchen sind schön.
8 Wir helfen den Mädchen.
9 Wir rufen die Mädchen.
10 Mit den Mädchen (Ablativ)

Alle folgende Substantive sind Feminina und gehören zu **a-Deklination**. Und wie die geht, weißt du oder kannst du auf der Seite davor nachschauen.

aqua/Wasser, casa/Hütte, cena/ Mahlzeit, dea/Göttin, domina/Herrin, fabula/Geschichte, femina/Frau, filia/Tochter, forma/Schönheit, gratia/Anmut, insula/Insel, lingua/Sprache poena/Strafe, porta/Tür, terra/Erde, urna/Wasserkrug

Jetzt übersetze, nach dem Muster auf der Seite davor:

11 Die Hütte ist schön.
12 Die Sprache des Mädchens ist schön.
13 Das Wasser hilft der Erde.
14 Ich rufe die Göttin.
15 Die Herrin freut sich über das Essen.
16 Die Geschichten sind schön.
17 Die Sprachen der Töchter sind schön.
18 Die Herrin gibt den Freundinnen die Wasserkrüge.
19 Wir rufen die Freundinnen.
20 Die Göttin freut sich über die Töchter.

Lösungen:

11 Casa pulchra est.
12 Lingua puellae pulchra est.
13 Aqua terrae adest.
14 Voco deam.
15 Domina cena gaudet.
16 Fabulae pulchrae sunt.
17 Linguae filiarum pulchrae sunt.
18 Domina amicis urnas dat.
19 Vocamus amicas.
20 Dea filiis gaudet.

Die a-Deklination bei Substantiven und Adjektiven kommt am häufigsten vor. Die weiteren Deklinationen folgen später. Jetzt erarbeiten wir erst einmal die **a-Konjugation der Verben**, damit du weitere Sätze bilden kannst.
Es gibt wie im Deutschen die 1., 2.,3. Person im Singular und im Plural. Wir bleiben erst einmal im Präsens.

Verben der a-Konjugation: (Infinitiv Präsens)
voc**a**-re/rufen, ama- re/lieben, cena-re/essen, clama-re/rufen, cura-re/sorgen, da-re/geben, dubita-re/zweifeln, exspecta-re/warten, festina-re/eilen, flagra-re/brennen, fuga-re/verjagen, guberna-re/steuern, habita-re/wohnen, intra-re/eintreten, iuva-re/helfen, narra-re/erzählen, naviga-re/segeln, neca-re/töten, ora- re/reden, para-re/vorbereiten, proba-re/prüfen, pugna-re/kämpfen, puta-re/glauben, saluta-re/grüßen, serva-re/retten, specta-re/schauen.

Die a-Konjugation (Präsens)

Singular	voca- re	rufen
1.	voc-o	ich rufe
2.	voca-s	du rufst
3.	voca-t	er,sie,es ruft

Plural		
1.	voca-mus	wir rufen
2.	voca-tis	ihr ruft
3.	voca-nt	sie rufen

Und genau so werden alle anderen Verben der **a-Konjugation** konjugiert. Ist doch einfach!

Weil es so einfach ist, hier noch einige Beispiele:

ama-re/lieben
am**o**, ama**s**, ama**t**, ama**mus**, ama**tis**, ama**nt**

da-re/geben
d**o**, da**s**, da**t**, dam**us**, da**tis**, da**nt**

habita-re/wohnen
habito, habitas, habitat, habitamus, habitatis, habitant

saluta-re/grüßen
saluto, salutas, salutat, salutamus, salutatis, salutant

ora- re/reden
oro, oras, orat, oramus, oratis, orant

narra-re/erzählen
narro, narras, narrat, narramus, narratis, narrant

Aufgaben:
Nenne die jeweilig gekennzeichnet Konjugation
Beispiel:
1.P. S. (1.Person Singular) vocare voco lautet die Antwort

22	1.P.S	amare	ich liebe
23	2.P.S.	cenare	du isst
24	1.P.P	clamare	wir rufen
25	3.P.P	spectare	sie schauen
26	3.P.S.	navigare	er,sie,es segelt
27	3.P.P.	fugare	sie verjagen
28	1.P.S	intrare	ich trete ein
29	3.P.P	pugnare	sie kämpfen
30	2.P.P.	putare	ihr glaubt
31	2.P.S	salutare	ihr grüßt
32	1.P.S.	curare	ich sorge
33	2.P.P.	exspectare	ihr wartet
34	2.P.S.	orare	du redest

Lösung bitte abdecken, damit du es dir nicht zu einfach machst.

22	amo
23	cenas
24	clamamus
25	spectant
26	navigat
27	fugant
28	intro
29	pugnatis
30	putatis
31	salutatis
32	curo
33	exspectatis
34	oras

Triumphbogen des Konstantin

a-Deklination und a-Konjugation Präsens

S.1	2	3	4	5	P. 1	2	3	4	5
- a	- ae	- ae	- am	- a	- ae	-arum	- is	- as	- is

1.Per.Sing.	2.Per.S.	3.P.S.	1.P. Plural	2.P.Pl.	3.P.Pl.
- o	- s	- t	-mus	-tis	- nt

35 Das Wasser ruft.
36 Die Herrin grüßt.
37 Das Essen ruft.
38 Die Herrin des Hauses grüßt.
39 Dem Mädchen gehört die Hütte.
40 Das Mädchen ruft die Göttin.
41 Die Mädchen bereiten das Essen vor.
42 Die Mädchen tragen die Wasserkrüge.
43 Die Geschichte der Sprachen ist interessant.
44 Die Töchter gehen schnell (eilen).
45 Der Bauer bearbeitet die Erde.
46 Die Mädchen sind die Töchter der Herrin.
47 Die Mädchen erzählen Geschichten.
48 Die Töchter bewohnen die Häuser.
49 Die Göttinnen zweifeln
50 Die Anmut der Göttinnen ist schön.

a-Deklination und a-Konjugation Präsens

S.1	2	3	4	5	P. 1	2	3	4	5
- a	- ae	- ae	- am	- a	- ae	-arum	- is	- as	- is

1.Per.Sing.	2.Per.S.	3.P.S.	1.P. Plural	2.P.Pl.	3.P.Pl.
- o	- s	- t	-mus	-tis	- nt

Vokabeln:

portare	tragen
Iucundus	erfreulich
agricola	Bauer

35 Aqua vocat
36 Domina salutat
37 Cena vocat
38 Domina casae salutat
39 Puellae casa est
40 Puella vocat deam
41 Puellae parant cenam
42 Puellae portant urnas
43 Historia linguarum iucunda est
44 Filiae festinant
45 Agricola terram laborat
46 Puellae filiae dominae sunt
47 Puellae fabulas narrant
48 Filiae casas habitant
49 Deae dubitant
50 Gratia dearum pulchra est

Wir haben jetzt die **a-Deklination** des Substantivs und die **a-Konjugation** des Verbs im Präsens.
Natürlich gibt es noch andere Deklinationen und Konjugationen, aber der Anfang ist gemacht!
Nun wenden wir uns dem Adjektiv zu.
Adjektive beschreiben Eigenschaften. Sie richten sich in Kasus, Numerus und Genus nach dem Substantiv.
Auch hier begnügen wir uns erst einmal mit der a-Deklination

Beispiel: lang
Im Wörterbuch findest du leider nicht **longa** sonder nur diesen Eintrag: **longus**, a, um   lang. **longus** ist maskulin, **longa** ist femininum, **longum** ist neutrum.
Wir wollen vorerst nur die **a-Deklination betrachten**

	longa lang	bona gut	alba weiß	calida heiß
Singular				
Nominativ	long**a**	bona	alba	calida
Genitiv	long**ae**	bonae	albae	calidae
Dativ	long**ae**	bonae	albae	calidae
Akkusativ	long**am**	bonam	albam	calidam
Ablativ	long**a**	bona	alba	calida
Plural				
Nominativ	long**ae**	bonae	albae	calidae
Genitiv	long**arum**	bonarum	albarum	calidarum
Dativ	long**is**	bonis	albis	calidis
Akkusativ	long**as**	bonas	albas	calidas
Ablativ	long**is**	bonis	albis	calidis

Wie du siehst, ist das die gleiche a-Deklination, wie beim Substantiv.

Hier einige **Adjektive**, die Du lernen kannst. Da wir zur Zeit nur die a-Deklination machen, such Dir die passende Endung raus. Die Adjektive sind wie im Wörterbuch in der Reihenfolge maskulin, feminin, neutrum notiert.

		Beispiel: a-Deklination
coniunctus, a, um	verbunden	
latus, a, um	breit	lata
varius, a, um	bunt	varia
crassus, a, um	dick	crassa
stupidus, a, um	dumm	stupida
obscurus, a, um	dunkel	obscura
angustus, a, um	eng	
umidus, a, um	feucht	usw.
planus, a, um	flach	
protervus, a, um	frech	
alienus, a, um	fremd	
laetus, a, um	froh	
durus, a, um	hart	
calidus, a, um	heiß	
claridus, a, um	hell	
altus, a, um	hoch	
frigidus, a, um	kalt	
parvus, a, um	klein	
aegrotus, a, um	krank	
longus, a, um	lang	
magnus, a, um	laut	
suppressus, a, um	leise	
carus, a, um	lieb	
fatigatus, a, um	müde	
novus, a, um	neu	
purus, a, um	rein	
rotundus, a, um	rund	

S	1. a	2. ae	3. ae	4. am	5. a	Pl	1. ae	2. arum	3. is	4. as	5. is

S 1.Pers - o	S. 2. P - s	S.3.P. - t	Pl. 1.P -mus	Pl.2.P -tis	PL. 3.P. - nt

Übung: Übersetze

61 Die Erde ist feucht.
62 Die dunkle Hütte ruft.
63 Das frohe Mädchen bereitet das Essen vor.
64 Die müde Göttin bewohnt die schönen Hütten.
65 Die schlaue Herrin erzählt eine Geschichte.
66 Die schlechte Geschichte ist dumm.
67 Das schöne Mädchen grüßt die Göttin.
68 Das schlaue Mädchen hilft der Herrin.
69 Wir lieben die lateinische Sprache.
70 Die Herrin prüft Türen und den Wasserkrug.

Lösung: Bitte abdecken

61 Terra umida est.
62 Casa obscura vocat.
63 Puella laeta parat cenam.
64 Dea fatigata casas pulchras habitat.
65 Domina callida fabulam narrat.
66 Fabula mala stupida est.
67 Puella pulchra salutat deam.
68 Puella callida dominam iuvat.
69 Linguam latinam amamus.
70 Domina portas et urnas probat. oder:
Domina portas urnasque probat.

Das spezielle Verb - sein- esse

Wie im Deutschen wird es unregelmäßig konjugiert.

1.P. S	sum	ich bin	**Präsens**
2.	es	du bist	
3.	est	er,sie,es ist	
1.P.Pl.	sumus	wir sind	
2.	estis	ihr seid	
3.	sunt	sie sind	

Und weil es so wichtig ist, hier gleich noch- und erstmalig in diesem Kurs das **Imperfekt,** die Vergangenheit/Präteritum

1.P. S	eram	ich war
2.	eras	du warst
3.	erat	er,sie es war
1.P.Pl.	eramus	wir waren
2.	eratis	ihr wart
3.	erant	sie waren

Übersetze.

71 Ich bin schlau.
72 Du bist dick.
73 Er ist dumm.
74 Wir (Mädchen)sind müde.
75 Ihr (Mädchen)seid krank.
76 Sie (Mädchen)sind froh.
77 Ich war schlau.
78 Du warst frech.
79 Sie war lieb.
80 Wir (Mädchen)waren laut.
81 Ihr (Mädchen)wart leise.
82 Sie (Mädchen)waren fremd.

Lösung:

71 Callidus sum.
72 Crassus es.
73 Stupidus est.
74 Fatigatae sumus.
75 Aegrotae estis.
76 Laetae sunt.
77 Callidus eram.
78 Protervus eras.
79 Cara erat.
80 Magnae eramus.
81 Suppressae eratis.
82 Alienae erant.

Pronomen (Fürwörter)
Das Pronomen steht für ein Nomen. Es steht für ein Substantiv oder begleitet es.

Das Personalpronomen
Es ersetzt Personen oder Sachen

Deklination des Personalpronomens

Singular

	1.Person	2.Person	3.Person
Nominativ	ich ego	du tu	er, sie, es is/ea/id
Genitiv	meiner mei	deiner tui	seiner/ihrer eius
Dativ	mir mihi	dir tibi	ihm/ihr ei
Akkusativ	mich me	dich te	ihn/sie/es eum/eam/id
Ablativ	a me (von mir)	a te (von dir)	ab eo/ ea/ eo

Übersetze: (alle Vokabeln stehen auf den vorderen Seiten)

83 Ich rufe dich.
84 Du liebst mich.
85 Das Mädchen isst die Mahlzeit.
86 Ich erzähle dir eine Geschichte.
87 Wir geben dir Wasser.
88 Wir grüßen Dich.
89 Ihr kämpft gegen mich.
90 Wir reden mit dir! (cum te wird zu tecum!)
91 Wir schlagen ihn in die Flucht.
92 Die Herrin gibt dir die Krüge.
93 Wir segeln mit Dir
94 Ihr widersetzt euch gegen ihn.

Lösung:

83 Te voco.
84 Me amas.
85 Puella cenam cenat.
86 Tibi fabulam narro.
87 Tibi damus aquam.
88 Te salutamus.
89 Contra me pugnatis.
90 Oramus tecum
91 Eum fugamus.
92 Domina tibi urnas dat.
93 Navigamus tecum.
94 Contra eum repugnatis.

Plural des Personalpronoms

	1.Person	2.Person	3.Person
Nominativ	wir nos	ihr vos	sie ii/eae/ea
Genitiv	unser nostri	euer vestri	ihrer eorum/earum
Dativ	uns nobis	euch vobis	ihnen iis
Akkusativ	uns nos	euch vos	sie eos/eas/ea
Ablativ	a nobis (von uns)	a vobis (von euch)	iis (von ihnen)

Übersetze:

95 Wir rufen euch.
96 Ihr liebt uns.
97 Die Mädchen essen das Essen.
98 Wir erzählen euch Geschichten.

99 Wir geben euch Wasser.
100 Wir grüßen euch.
101 Ihr kämpft gegen uns.
102 Wir reden mit Euch. (vobiscum!)
103 Wir schlagen sie in die Flucht.
104 Die Herrinnen geben euch die Urnen.
105 Wir segeln mit euch. (vobiscum!)
106 Ihr widersetzt euch uns.

Lösung: Bitte vorher abdecken!

95 Vos vocamus.
96 Nos amatis.
97 Puellae cenam cenant.
98 Vobis fabulas narramus.
99 Vobis aquam damus.
100 Vos salutamus.
101 Contra nos pugnatis.
102 Oramus vobiscum.
103 Eos fugamus.
104 Dominae vobis urnas dant.
105 Navigamus vobiscum.
106 Contra nos repugnatis.

v
i
a

a
p
p
i
a

Das Possessivpronomen (Besitzanzeigendes Fürwort)

Die Deklination ist wie bei den a-und o-Deklination (machen wir später)

1.Pers **Singular**	2.Person	3.Person
mein meus, a, um	dein tuus, a, um	sein, ihr suus, a, um
1.Person **Plural**		
unser noster, tra, trum	euer vester, tra, trum	ihr suus, a, um

Übersetze:

107 Meine Hütte ist breit.
108 Dein Mädchen ist lieb.
109 Seine Geschichte ist dumm.
110 Ihre Insel ist groß.
111 Unsere Mahlzeiten rufen uns.
112 Eure Töchter sind schön.
113 Die Mädchen geben dir ihre Wasserkrüge.

Lösung:

107 Casa mea lata est.
108 Puella tua cara est.
109 Fabula sua stupida est.
110 Insula sua magna est.
111 Cenae nostrae nos vocant.
112 Filiae vestrae pulchrae sunt.
113 Puellae tibi suas urnas dant.

So, wir haben ein gutes Stück geschafft. Mit einem Minimum an Vokabeln, kannst du schon kleine Sätze übersetzen. Natürlich ist das erst der Anfang, aber immerhin!!!
Zur Wiederholung hier die **Vokabeln**, die wir bisher benutzten:

adest	hilft
adsumus	wir helfen
aegrotus, a, um	krank
albus, a um	weiß
alienus, a, um	fremd
altus, a, um	hoch
amare	lieben
angustus, a, um	eng
aqua	Wasser
aridus, a, um	trocken
bonus, a, um	gut
calidus, a, um	heiß
callidus, a, um	schlau
carus, a, um	lieb
catena, ae f	Kette
cena	Mahlzeit
cenare	essen
clamare	rufen
claridus, a, um	hell
crassus, a, um	dick
cum	mit
curare	sorgen
dare	geben
dea	Göttin
domina	Herrin
dubitare	zweifeln
durus, a, um	hart
est	ist
exspectare	warten

fabula	Geschichte
fatigatus, a, um	müde
femina	Frau
festinare	eilen
filia	Tochter
flagrare	brennen
forma	Schönheit
frigidus, a, um	kalt
fugare	verjagen
gratia	Anmut
gubernare	steuern
habitare	wohnen
insula	Insel
intrare	eintreten
iuvare	helfen
laetus, a, um	froh
latus, a, um	breit
lingua	Sprache
longus, a, um	lang
magnus, a, um	laut
malus, a, um	schlecht
mundus, a, um	sauber , elegant
mutus, a, um	stumm
narrare	erzählen
navigare	segeln
necare	töten
novus, a, um	neu
obscurus, a, um	dunkel
orare	reden
parare	vorbereiten
parvus, a, um	klein
pienus, a, um	voll

planus, a, um	flach
poena	Strafe
porta	Tür
probare	prüfen
protervus, a, um	frech
puella	Mädchen
pugnare	kämpfen
pulchra	schön
purus, a, um	rein
putare	meinen
quietus, a, um	still
rarus, a, um	selten
rectus, a, um	richtig
rotundus, a, um	rund
salutare	grüßen
serus. a, um	spät
servare	retten
spectare	schauen
stupidus, a, um	dumm
sunt	sind
suppressus, a, um	leise
terra	Erde
umidus, a, um	feucht
urna	Krug
varius, a, um	bunt
vocamus	wir rufen
vocare	rufen
voco	ich rufe

Satz: Römer trugen Toga usw

Die zweite oder o-Deklination

Die meisten Substantive der o-Deklination auf **-us** sind Maskulina.

	Herr	Freund
Nominat. **Singular**	domin-**us**	amicus
Gen. S.	domin- **i**	amici
Dativ S.	domin- **o**	amico
Akkusativ S.	domin- **um**	amicum
Ablativ	domin- **o**	amico
Vocativ	domin- **e**	amice
Nom. **Plural**	domin-**i**	amici
Gen. Pl.	domin-**orum**	amicorum
Dat. Pl.	domin- **is**	amicis
Akkus. Pl.	domin- **os**	amicos
Ablativ	domin- **is**	amicis
Vocativ.	domin- **i**	amici

avus, avi	Großvater
cibus, cibi	Nahrung
coquus, i	Koch
deus, i	Gott
filius, i	Sohn
hortus, i	Garten
ludus, i	Spiel, Schule
maritus, i	Ehemann
modus, i	Art und Weise

Hinweis:
Im Wörterbuch steht nicht:
cibus, cibi m **sondern**
cibus, i m
dann weißt du, dass der Genitiv Singular nur mit **i** gebildet wird.

Übersetze:

114 Der Herr ruft.
115 Die Mahlzeit des Freundes ist gut.
116 Gib dem Koch das Wasser.
117 Wir rufen den Großvater.
118 Die Götter rufen uns.
119 Die Schule der Freunde ist gut.
120 Wir geben den Söhnen Wasser.
121 Die Töchter rufen die Söhne.
122 Ich warte auf dich mit Freunden.

Lösung:

114 Dominus vocat.
115 Cena amici bona est.
116 Dona coquo aquam.
117 Vocamus avum.
118 Dei nos vocant.
119 Schola amicorum bona est.
120 Filiis aquam damus.
121 Filiae filios vocant.
122 Cum amicis te exspecto.

Die o-Deklination -Neutrum

	das Geschenk	Himmel
Nom. Singular	don- **um**	caelum
Gen	don- **i**	caeli
Dat	don- **o**	caelo
Akk	don-**um**	caelum
Abl.	don-**o**	caelo
Voc.	don-**um**	caelum
Nom. Plural	don-**a***	caela
Gen	don-**orum**	caelorum
Dat	don-**is**	caelis
Akk	don-**a***	caela
Abl	don-**is**	caelis
Voc	don-**a**	caela

* Einziger Unterschied zur o-Deklination Maskulinum:
Nominativ Plural: statt **i** **hier ein a**
Akkusativ Plural: statt **os** **hier a**

Weitere Vokabeln der o-Deklination Neutrum

dubium, dubii	Zweifel
factum, facti	Tatsache
gaudium, gaudii	Freude
initium, inititii	Anfang
iudicium, iudicii	Urteil
officium, officii	Amt, Pflicht
ovum, ovi	Ei
proelium, proeli	Gefecht
saxum, saxi	Fels
templum, templi	Tempel
verbum, verbi	Verb

Übersetze:

123 Der Zweifel hilft dem Mädchen.
124 Die Mahlzeit ist eine Geschenk des Himmels.
125 Er erfüllt seine Pflicht. (officium suum)
126 Das macht Freude.
127 Die Mädchen freuen sich über die Geschenke.
128 Die Wasser der Tempel sind gut.
129 Die Urteile der Göttinnen sind hart.
130 Die Herrinnen geben den Mädchen Wasser.
131 Die Tatsache spricht für die Tatsache.
132 Am Anfang war Freude.
133 Die Frauen zweifeln am Anfang.

Lösung: (bitte vorher abdecken)

123 Dubium puellae adest.
124 Cena donum caeli est.
125 Officium suum servat.
126 Gaudium est.
127 Puellae donis gaudent.
128 Aquae templorum bonae sunt.
129 Iudicia dearum dura sunt.
130 Dominae puellis aquam dant.
131 Factum ipsum factum loquitur.
132 In initio gaudium erat.
133 Feminae in initio dubitant.

Die Adjektive werden genauso wie die Substantive in der

a und o Deklination dekliniert-

	bonus/ gut		
	Maskulinum	Femininum	Neutrum
Nom. **Singular**	bon**us**	bon**a**	bon**um**
Gen.	bon**i**	bon**ae**	bon**i**
Dat.	bon**o**	bon**ae**	bon**o**
Akk.	bon**um**	bon**am**	bon**um**
Abl.	bon**o**	bon**a**	bon**o**
Nom. **Plural**	bon**i**	bon**ae**	bon**a**
Gen	bon**orum**	bon**arum**	bon**orum**
Dat	bon**is**	bon**is**	bon**is**
Akk	bon**os**	bon**as**	bon**a**
Abl.	bon**is**	bon**is**	bon**is**

Es gibt noch die 3.Deklination. Da sie seltener ist, lassen wir sie erst einmal beiseite.

134 Die gute Göttin grüßt uns.
135 Die Türen der Hütte sind schön
136 Ihr helft der schlauen Göttin.
137 Er liebt gute Nahrung.
138 Die guten Köche lieben gute Mahlzeiten.
139 Der schlaue Sohn liebt das Mädchen.
140 Die Mädchen lieben die schlauen Söhne.
141 Wir warten auf die guten Spiele.
142 Wir helfen den guten Ehemännern.
143 Der neue Koch bereitet eine gute Mahlzeit vor.
144 Die neue Insel gehört den schönen Mädchen.
145 Wir erzählen eine Geschichte mit gutem Anfang.
146 Die Mädchen wohnen in schönen Häusern.

Lösung:

134 Dea bona nos salutat.
135 Portae casae pulchrae sunt.
136 Deam callidam adestis.
137 Cibum bonum amat.
138 Coqui boni cibos bonos amant.
139 Filius callidus puellam amat.
140 Puellae filios callidos amant.
141 Ludos bonos exspectamus.
142 Maritos bonos adsumus.
143 Coquus novus cenam bonam parat.
144 Insula nova puellis pulchris est.
145 Fabulam cum initio bono narramus.
146 Puellae in casis pulchris habitant.

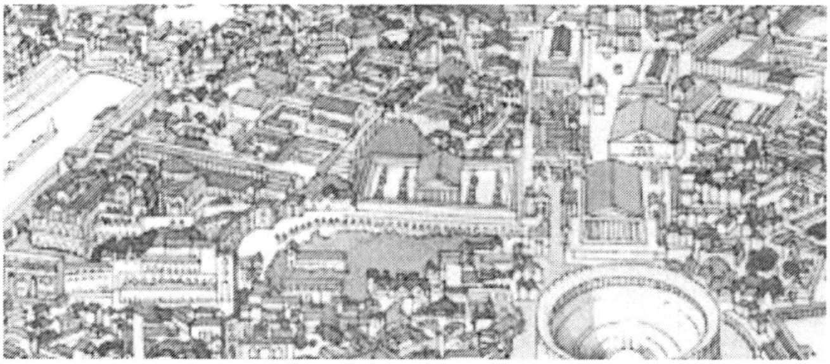

Teil II

Ergänzende Grammatik

Die dritte Deklination oder i-Deklination

Zur dieser Deklination des Substantivs gehören die **i-Stämme,** die **Konsonantenstämme und die Mischdeklination.**

Sie umfasst Substantive aller Genera. Im Gegensatz zur ersten und zweiten Deklination ist es fast nicht möglich, das Genus eines Wortes aus dessen Nominativform abzuleiten.
Anhand des Wörterbuches kannst du den Nominativ Singular bestimmen.
Und das sieht so aus:

pater, tris, m **Vater**

Du erkennst so, dass **pater** der Nominativ Singular ist, und der Genitiv Singular pat**ris** ist. Leider wird es meistens nicht ausgesschrieben, sondern du findest nur die Endung **tris** . Das **m** bedeutet maskulin.
Den **Wortstamm** erhälst du, wenn du die Genitiv-Endung streichst. Dann wird es wieder einfach- bei vielen-, denn sie haben dann die gleiche Endung wie bei mercator.

Wenn du im Wörterbuch die Endung des **Genitiv Singulars** gefunden hast, kannst du ganz leicht feststellen zu welcher Deklination es gehört.
z. Beispiel:

-ae **1. Deklination (a-Deklination)**
-i **2.Deklination (o-Deklination)**
-is **3. Deklination (konsonantische Deklination und i-Deklination)**

Substantive zur dritten Deklination

mater, tris,	f	Mutter
frater, tris	m	Bruder
pater, tris	m	Vater
soror, ris	f	Schwester
senator, is	m	Senator
corpus, corporis	n	Körper

Substantive der 3.Deklination können im Nominativ völlig unterschiedlich aussehen, werden danach dennoch einheitlich dekliniert.
Hier ein Muster mit den möglichen Endungen:

Singular	kons.	i-Dekl	
Nom	-	is	
Gen	**is**	is	
Dat	**i**	i	
Akk	**em**	im	
Abl	**e**	i	
Plural			
Nom	**es**	es	
Gen	**um**	ium	
Dat	**ibus**	ibus	
Akk	**es**	es	
Abl	**ibus**	ibus	

Die fettgedruckten Endungen treten meistens auf.

Substantive der konsonantischen Deklination **erkennt** man daran, dass sie im Ablativ Singular die Endung **-e** haben und im Genitiv Plural die Endung **- um**

	labor, m Arbeit	regio, f Gebiet	foedus, n Bündnis	numen, n Gottheit
Nom **Singul.**	labor	regio	foedus	numen
Gen	labor**is**	region**is**	foeder**is**	num**inis**
Dat	labor**i**	region**i**	foeder**i**	num**ini**
Akk	labor**em**	region**em**	foedus	numen
Abl	**labor e**	**region e**	**foeder e**	**numin e**
Nom **Plural**	labor**es**	region**es**	foeder**a**	num**ina**
Gen	**laborum**	**regionum**	**foederum**	**numinum**
Dat	labor**ibus**	region**ibus**	foeder**ibus**	num**inibus**
Akk	labor**es**	region**es**	foeder**a**	num**ina**
Abl	labor**ibus**	region**ibus**	foeder**ibus**	num**inibus**

Die i- Deklination

Sie Substantive haben im Ablativ Singular die Endung - **i** -.
Im Genitiv Plural die Endung **-ium**

	turris f der Turm	**mare** n Meer	**animal** n Tier
Nom **Singular**	turris	mare	animal
Gen	turris	maris	animalis
Dat	turri	mari	animali
Akk	turrim	mare	animal
Abl	turr**i**	mar**i**	animali
Nom **Plural**	turres	maria	animalia
Gen	turr**ium**	mar**ium**	animalium
Dat	turribus	maribus	animalibus
Akk	turres	maria	animalia
Abl	turribus	maribus	animalibus

4. Deklination oder u-Deklination

Die meisten sind Maskulina: Beispiel: casus, -us m Zufall

Singular:
1. cas-us 2. cas-us 3. cas-ui 4. cas-um 5. cas-u

Plural
1. cas-us 2. cas-uum 3. cas-ibus 4. cas-us 5. cas-ibus

Die 5. Deklination oder e- Deklination

Beispiel: res, rei f Sache
Die meisten Substantive dieser Deklination sind Femina

Singular:
1. res 2. rei 3. rei 4. rem 5.re

Plural:
1. res 2. rerum 3. rebus 4. res 5. rebus

Jetzt kennst du das Grobgerüst der Deklination der Substantive. Die a- und die o- Deklination kommt am häufigsten vor. Um sicher zu gehen, schaue ins Wörterbuch.

Das Adjektiv

Wie in Teil I bereits vorgestellt: Die Adjektive sind Hinzufügungen zu Substantiv. Sie richten sich deshalb in Kasus, Numerus und Genus nach dem Substantiv.
Die **1. a-Deklination** und die **2. o- Deklination** kennst du schon.
Dazu gehören die Adjektive auf **-us**, **-a**, **-um**, aber auch Adjektive auf **-er**.

Zur Wiederholung: **bonus (m), bona (f), bonum(n)**

Nom **Singular**	bonus	bona	bonum
Gen	boni	bonae	boni
Dat	bono	bonae	bono
Akk	bonum	bonam	bonum
Abl	bono	bona	bono
Nom **Plural**	boni	bonae	bona
Gen	bonorum	bonarum	bonorum
Dat	bonis	bonis	bonis
Akk	bonos	bonas	bona
Abl	bonis	bonis	bonis

Nun kommt die 3. Deklination.
Erfreulicherweise gibt es die 4. und 5. Deklination bei Adjektiven nicht.
Adjektive der 3. Deklination erkennst du daran, dass im Wörterbuch die Endung **-is** im Genitiv angezeigt wird.

vetus (alt)	m	f	n
Nom **Singular**	vetus	vetus	vetus
Gen	veteris	veteris	veteris
Dat	veteri	veteri	veteri
Akk	veterem	veterem	vetus
Abl	veter**e**	veter**e**	veter**e**
Nom **Plural**	veteres	veteres	veter**a**
Gen	veter**um**	veter**um**	veter**um**
Dat	veteribus	veteribus	veteribus
Akk	veteres	veteres	veter**a**
Abl	veteribus	veteribus	veteribus

acer (scharf)	m	f	n
1. **Singular**	acer	acris	acre
2.	acris	acris	acris
3.	acri	acri	acri
4.	acrem	acrem	acre
5.	acri	acri	acri
1. **Plural**	acres	acres	acria
2.	acrium	acrium	acrium
3.	acribus	acribus	acribus
4.	acres	acres	acria
5.	acribus	acribus	acribus

Adjektive können auch als Attribut , als Prädikatsnomen und substantiviert benutzt werden.
Adjektive können wie im Deutschen gesteigert werden.

Steigerung der Adjektive

Wie im Deutschen werden der Komparativ und der Superlativ durch Suffigierung gebildet.
Das **Komparativ-Suffix** lautet für Maskulina und Feminina **-ior** und für Neutra **-ius**.

longior (länger)	m	f	n
1. **Singular**	long**ior**	long**ior**	long**ius**
2.	longioris	longioris	longioris
3.	longiori	longiori	longiori
4.	longiorem	longiorem	longius
5.	longiore	longiore	longiore
1. **Plural**	longiores	longiores	longiora
2.	longiorum	longiorum	longiorum
3.	longioribus	longioribus	longioribus
4.	longiores	longiores	longiora
5.	longioribus	longioribus	longioribus

Der Superlativ

Das Superlativ-Suffix lautet **-issimus, -issima, -issimum** (m/f/n). Bei Adjektiven mit dem Stammauslaut **-r** erfolgt eine Assimilation des Suffixes zu **-rimus.**
Der Komparativ wird dekliniert wie die Substantive der 3. Deklination
Dazu wird im Regelfall der Stamm des Adjektivs im Genitiv Singular verwendet und ein -issim-us für den Nom. Sg. Mask. angehängt.
Beispiel: atrox, atroc-is wird zu atroc-issim-us = der Grausamste

clarus, clarissimus	berühmt, berühmteste
brevis, brevissimus	kurz, kürzeste
prudens, prudentissimus	klug, klügste
pulcher, pulcherrimus	schön, schönste

dives (reich)	m	f	n
1. **Singular**	divit-issim-us	divit-issim-a	divit-issim-um
2.	divit-issim-i	divit-issim-ae	divit-issim-i
3.	divit-issim-o	divit-issim-ae	divit-issim-o
4.	divit-issim-um	divit-issim-am	divit-issim-um
5.	divit-issim-o	divit-issim-a	divit-issim-o
1. **Plural**	divit-issim-i	divit-issim-ae	divit-issim-a
2.	divit-issim-orum	divit-issim-arum	divit-issim-oum
3.	divit-issim-is	divit-issim-is	divit-issim-is
4.	divit-issim-os	divit-issim-as	divit-issim-a
5.	divit-issim-is	divit-issim-is	divit-issi m-is

Das Adverb

Das Adverb gibt genauere Auskunft zu einem Verb, einem Adjektiv oder auch zu einem anderen Adverb. Das Adverb ist unveränderlich.
Die meisten Adverbien werden aus Adjektiven gebildet.

Adjektive der a- und o-Deklination fügen ein -e an
Adjektive der 3. Deklination -iter

-e tritt als Endung an die Stelle der Genitivendung -i. Dies geschieht allerdings nur bei Adjektiven der a/o-Deklination.
-iter tritt als Endung an die Stelle der Genitivendung -is der i-Stämme; die Stämme auf -nt haben die Endung -er.

Beispiele:

iustus	iust**e**	gerecht
attentus	attente	aufmerksam
rectus	recte	richtig
suppressus	suppresse	leise
velox	velo**citer**	schnell
praeclarus	praeclar**e**	ausgezeichnet
celer	celer**iter**	schnell
diligens	diligenter	sorgfältig,gründlich
constans	constanter	charakterfest, beständig
sapient	sapient**er**	weise
brevis	breviter	kurz

Agricolae strenue laborant.	Die Bauern arbeiten fleißig.
diligenter examinat.	Der Arzt untersucht gründlich.
Rex clementer ducit.	Der König führt nachsichtig.
equus celer	das schnelle Pferd
Equus celer est	Das Pferd ist schnell.
Equus celeriter currit	Das Pferd läuft schnell.

Unregelmässig gebildet werden:

bonus	bene	gut
primus,a,um	primo	früh
acer,acris,acre	acriter	scharf
felix	feliciter	glücklich
audax	audacter	mutig

Der Komparativ von Adverbien wird gebildet mit der Endung
-ius:

iuste	iustius	gerechter
breve	brevius	kürzer
acriter	acrius	schärfer

Der **Superlativ des Adverbs** wird wie beim Adjektiv gebildet und erhält die **Endung -e.**

Beispiele:

lästig:	molestus	moleste	molestissime
schnell:	celer	celeriter	celerrime
schön:	pulcher	pulchre	pulcherrime
glücklich:	felix	feliciter	felicissime

Unregelmässig gesteigert werden:

bene	melius	optime
paulum	minus	minime

Pronomina

Pronomina sind deklinierbare Wörter (Nomina), die „an Stelle von Nomina“ (pro-nomen) stehen. Das Lateinische unterscheidet folgende Arten von Pronomina: Personalpronomen, Reflexivpronomen, Demonstrativpronomen, Interrogativpronomen, Relativpronomen.

Personalpronomen (persönliches Fürwort) Singular

Singular	1.Person	2.Person	3.Person
Nominativ	ich ego	du tu	er, sie, es is/ea/id
Genitiv	meiner mei	deiner tui	seiner/ihrer eius
Dativ	mir mihi	dir tibi	ihm/ihr ei
Akkusativ	mich me	dich te	ihn/sie/es eum/eam/id
Ablativ	a me (von mir)	a te (von dir)	ab eo/ ea/ eo (von ihm, von ihr)

Plural	1.Person	2.Person	3.Person
Nominativ	wir nos	ihr vos	sie ii/eae/ea
Genitiv	unser nostri	euer vestri	ihrer eorum/earum
Dativ	uns nobis	euch vobis	ihnen iis
Akkusativ	uns nos	euch vos	sie eos/eas/ea
Ablativ	a nobis (von uns)	a vobis (von euch)	iis (von ihnen)

Beispiel:
Ego dominus sum, tu servus es — Ich bin der Herr, du bis der Diener

Der Lateiner benutzt die Personalpronomen nur, wenn es betont werden soll.

Man kann sagen:	Pacem amo	Ich liebe den Frieden
oder betont:	Ego pacem amo	**Ich** liebe den Frieden

Das Demonstrativpronomen
Sie weisen auf eine Person oder eine Sache hin.

dieser:	hic, haec, hoc
jener:	ille, illa, illud
dieser da:	iste, ista, istud
der gleiche:	idem, eadem, idem
selbst:	ipse, ipsa, ipsum

dieser, diese, dieses

	m	f	n
1. Singular	hic	haec	hoc
2.	huius	huius	huius
3.	huic	huic	huic
4.	hunc	hanc	hoc
5.	hoc	hac	hoc
1. Plural	hi	hae	haec
2.	horum	harum	horum
3.	his	his	his
4.	hos	has	haec
5.	his	his	his

hic, haec, hoc bezeichnet etwas, was sich in räumlicher oder zeitlicher Nähe befindet.

ille, illa, illud bezeichnet etwas Entferntes oder Vergangenes.

jener, jene, jenes

	m	f	n
1. Singular	ille	illa	illud
2.	illius	illius	illius
3.	illi	illi	illi
4.	illum	illam	illud
5.	illo	illa	illo
1. Plural	illi	illae	illa
2.	illorum	illarum	illorum
3.	illis	illis	illis
4.	illos	illas	illa
5.	illis	illis	illis

Der Vollständigkeit halber sei noch erwähnt:

idem derselbe, der nämliche
Nom. idem, eadem, idem, iidem, eadem, eadem

ipse, ipsa, ipsum selbst
Nom. ipse, ipsa, ipsum, ipsi, ipsae, ipsa

Possessivpronomen (besitzanzeigendes Fürwort)

Die Deklination ist wie bei den Adjektiven der a- und der o-Deklination

	Singular		Plural	
1.P	meus, -a, um	mein	noster, -tra, trum	unser
2.P	tuus, -a, -um	dein	vester,- tra, trum	euer
3.P	suus, -a, -um	sein/ihr	suus, -a, -um	sein/ ihr

Das Possessivpronomen richtet sich im Kasus, Numerus und Genus nach seinem Bezugswort: **meis oculis** (mit meinen Augen)

Nun kommt eine Sonderform, das Pronomen **is .**
Es kann Demonstrativ- Personal-, Possessivpronomen sein.

1. Singular	is, ea, id	dieser, diese, dieses
2.	eius, eius, eius	dessen, deren, dessen
3.	ei	diesem, dieser, diesem
4.	eum, eam, id	diesen, diese, dieses
5.	eo, ea, eo	durch diesen,diese
1. Plural	ii/ ei	diese
2.	eorum	deren
3.	eis/iis	diesen
4.	eos, eas, ea	diese
5.	iis/eis	durch diese

-is verweist auf vorher Genanntes.

ea domus	dieses Haus
is vir	dieser Mann
is, qui laudat	dieser, der lobt.
Quis eum vidit	Wer hat ihn gesehen

Das Relativpronomen

Das Relativpronomen leitet einen Nebensatz ein. Es richtet sich in Numerus und Genus nach seinem Bezugswort.

1. Singular	qui	der	quae	die	quod	das
2.	cuius	dessen	cuius	deren	cuius	dessen
3.	cui	dem	cui	der	cui	dem
4.	quem	den	quam	die	quod	das
5.	quo		qua		quo	
1. Plural	qui	die	quae	die	quae	die
2.	quorum	deren	quarum	deren	quorum	deren
3.	quibus	denen	quibus	denen	quibus	denen
4.	quos	die	quas	die	quae	die
5.	quibus		quibus		quibus	

Conradus, qui in foro ambulat.
Caesar, cui puella donum dat.
Ludos, qui in arena sunt.
Multi homines, qui in urbe vivunt.

Interrogativpronomen

Substantivisch gebrauch:

	wer	**was**
Nom.	quis	quid
Gen.	cuius	cuius
Dat.	cui	cui
Akk.	quem	quid
Abl.	quō	quō

qui?, quae?, quod? welcher, welche, welches, können auch **adjektivisch** gebraucht werden
uter?, utra?, utrum? welcher von beiden?, Genitiv: utrius?, Dativ: utri?

Beispiele:

Quid novi?	Was gibt es Neues?
Quem librum deligisti?	Welches Buch hast du gewählt?
Quis venit?	Wer kommt?
Quis ibi ambulat?	Wer geht dort spazieren?
Quae femina ibi ambulat?	Welche Frau geht dort spazieren?

Und es gibt noch Fragepartikel:
- ne, nonne, num

venit- ne?	Kommt er?
nonne venit?	Kommt er nicht ?
num venit?	Kommt er etwa?

Verben

Die Beugung eines Verbs heißt Konjugation.
Man unterscheidet:

Person: 1. 2. 3. Person
Numerus: Singular , Plural
Modus: Indikativ (Wirklichkeitsform)
Konjunktiv (Möglichkeitsform)
Imperativ (Befehlsform)
Tempus: Präsens, Imperfekt, Futur I, Perfekt, Plusquamperfekt, Futur II
Genus verbi: Zustandsform
Aktiv und Passiv

Latein hat fünf Konjugationen
-a Konjugation, weil der Stamm des Infinitivs Präsens Aktiv auf -a endet.
lauda-re (loben), lava-re (waschen), ama-re (lieben)

e-Konjugation, weil der Stamm des Infinitivs Präsens Aktiv auf -e endet.
dele-re (zerstören), time-re (fürchten), terre-re (erschrecken)

-i Konjugation, weil der Stamm des Infinitivs Präsens Aktiv auf - i endet.
audi-re (hören), veni- re (kommen), senti-re (merken)

Die **konsonantische** und die **gemischte Konjugation**, weil der Stamm des Infinitivs Präsens Aktiv auf einen Konsonanten endet.
curr-e-re (laufen), reg-e-re (lenken)
cap-e-re (fangen), fug-e-re (fliehen), rap-e-re (rauben)

Präsensstamm Aktiv Indikativ

Beispiele:
vocare/ Stammform voca- (rufen)
monere/ Stammform mone- (mahnen)
tegere/ Stammform teg- (bedecken)
capere/ Stammform capi- (fangen)
audire/ Stammform audi- (hören)

	-a	-e	kons.K	-i	-i:
Präsens	voco	moneo	tego	capio	audio
	vocas	mones	tegis	capis	audis
	vocat	monet	tegit	capit	audit
	vocamus	monemus	tegimus	capimus	audimus
	vocatis	monetis	tegitis	capitis	auditis
	vocant	monent	tegunt	capiunt	audiunt
Imperf.	vocabam	monebam	tegebam	capiebam	audiebam
	vocabas	monebas	tegebas	capiebas	audiebas
	vocabat	monebat	tegebat	capiebat	audiebat
	vocaba-mus	moneba-mus	tegebamus	capieba-mus	audieba-mus
	vocabatis	monebatis	tegebatis	capiebatis	audiebatis
	vocabant	monebant	tegebant	capiebant	audiebant
Fut.I	vocabo	monebo	tegam	capiam	audiam
	vocabis	monebis	teges	capies	audies
	vocabit	monebit	teget	capiet	audiet
	vocabi-mus	monebi-mus	tegemus	capiemus	audiemus
	vocabitis	monebitis	tegetis	capietis	audietis
	vocabunt	monebunt	tegent	capient	audient

Wir lassen den Konjunktiv weg sowie den Imperativ I ind II und auch den Präsensstamm Passiv, da Anfängerkurs.

Das **Präsens** gebraucht man für aktuelle Handlungen und Ereignis und allgemeine Aussagen.
Servus in culinam currit / *Der Diener eilt in die Küche.*
Errare humanum est. / *Irren ist menschlich.*

Imperfekt wird gebraucht um andauernde Handlungen in der Vergangenheit zu beschreiben:
Multos annos Graeci Troiam oppugnabant / *Viele Jahre lang belagerten die Griechen Troja*

Das **Futur** wird gebraucht für Geschehnisse in der Zukunft.
Proxima aestate Romam ibo / *Im nächsten Sommer werde ich nach Rom fahren*

Perfekt

Der Römer liebte das Perfekt. Mit dem Perfekt werden in der Vergangenheit abgeschlossene Handlungen gebildet.
Unvollendete Handlungen dagegen mit dem Imperfekt.
Das gibt es im Deutschen so nicht.
Alle lateinischen Verben haben die gleichen Perfekt-Endungen.
Den Perfektstamm eines Verbes findest du immer im Wörterbuch als dritten Eintrag: capere,capio, **cepi** (ergreifen)

-i	ich
-isti	du
-it	er/sie/es
-imus	wir
-istis	ihr
-erunt	sie

Beispiel capere im Perfekt:

cepi, cepisti, cepit, cepimus, cepisti, ceperunt

Es gibt verschiedene Bildungsmuster des Perfektstamms. Dabei ist nicht vorhersagbar, welche Verben welchem Muster folgen – bei denen, die nicht dem „regelmäßigen“ sogenannten **„v-Perfekt“** folgen, muss die 1. Person Singular also zusammen mit der Vokabel an sich gelernt werden.
1) **Das „regelmäßige“ v-Perfekt betrifft vor allem Verben der a- und i-Konjugation**, aber auch einige der übrigen Konjugationen:

laudare	audire	delere
laudavi	audivi	delevi
laudavisti	audivisti	delevisti
laudavit	audivit	delevit
laudavimus	audivimus	delevimus
laudavistis	audivistis	delevistis
laudaverunt	audiverunt	deleverunt

u-Perfekt	**s-Perfekt**	**Dehnungsperfekt**
monere (ermahnen)	scribere (schreiben)	venire (kommen)
monui	scripsi	veni
monuisti ...	scripsisti ...	venisti ...

Stamm-Perfekt	**Ablaut-Perfekt**	**Reduplikationsper-fekt**
defendere (verteidigen)	facere (machen)	currere (laufen)
defendi	feci	cucurri
defendisti ...	fecisti ...	cucurristi ...

Perfekt von esse („sein“)	**Perfekt von ferre („tragen“)**
fui („ich bin gewesen / ich war“)	tuli
fuisti ...	tulisti ...

Unregelmäßige Verben

Im Lateinischen gibt es wie im Deutschen eine etliche Anzahl von unregelmäßige Verben.

esse (sum, fui) sein			
Indik. Präsens	Imperf.	Futur I	Perfekt
sum	eram	ero	fui
es	eras	eris	fuisti
est	erat	erit	fuit
sumus	eramus	erimus	fuimus
estis	eratis	eritis	fuistis
sunt	erant	erunt	fuerunt

Somit:

deese (fehlen)	desum	defui
interesse (teilnehmen)	intersum	interfui
obesse (schaden)	obsum	obfui
prodesse (nützen)	prosum	profui

posse possum potui (können)

Indikativ Präsens:	possum, potes, potest, possumus potestis,possunt
Perfekt:	potui, potuisti,potuit,potuimus
Imperfekt:	poteram, poteras, poterat,poteramus
Futur I	potero, poteris, poterit,poterimus

velle volo volui (wollen)

Indikativ Präsens:	volo, vis, vult, volumus, vultis, volunt
Imperfekt:	volebam, volebas, volebat,volebamus
Perfekt:	volui, voluisti, voluit usw.
Futur I:	volam, voles, volet usw

nolle nolo nolui (nicht wollen)

Indikativ Präsens:	nolo, non vis, non vult, nolumus, non vultis, nolunt
Ind. Imperfekt:	nolebam, nolebas, nolebat usw
Futur I:	nolam, noles, nolet usw.
Indik. Perfekt:	nolui, noluisti, noluit usw

malle malo malui (lieber wollen)

Indik.Präsens:	malo, mavis, mavult, malumus, mavultis, malunt
Ind.Imperfekt:	malebam, malebas, malebat usw.
Futur I:	malam, males, malet usw.
Ind. Imperfekt:	malui, maluisti, maluit usw.

ferre fero tulli latum tragen

Indik. Präsens:	fero, fers, fert, ferimus, fertis, ferunt
Indik. Imperfekt:	ferebam, ferebas, ferebat, ferebamus
Futur I:	feram, feres, feret usw.
Ind. Perfekt:	tuli, tulisti,tulit, tulimus, usw

ire eo ii itum	gehen
Indik-Präsens:	eo, is, it, imus, itis, eunt
Ind.Imperfekt:	ibam, ibas, ibat, ibamus usw.
Futur I:	ibo, ibis, ibit usw.
Ind.Perfekt:	ii, isti, iit, iimus, istis, ierunt

fieri fio factus sum	werden
Indik. Präsens:	fio, fis, fiunt
Indik. Imperfekt:	fiebam, fiebas, fiebat usw.
Futur I:	fiam, fies usw.
Indik.Perfekt:	factus, -a, -um, sum, es

Satzbildung, Lesen und Übersetzen

Um einen lateinischen Satz zu übersetzen, muss man anders vorgehen, als im Deutschen.

1. Man sucht das Prädikat
2. Man sucht das Subjekt
3. Man sucht das Akkusativobjekt
4. Danach übersetzt man den Rest des Satzes

Mit dem **Prädikat** erhält man notwendige Informationen:
Person: ich, du, er, sie, es , wir, ihr, sie
Numerus: Singular oder Plural
Tempus: Präsens, Imperfekt, Perfekt, Futur usw.
Modus: Indikativ, Konjunktiv, Imperativ

Subjekt: Es steht immer im Nominativ.
Fehlt ein Subjekt, nutzt man die Person aus dem Prädikat.

Akkusativobjekt: Es antwortet auf die Frage „wen oder was?"
Aber nicht immer gibt es ein Akkusativobjekt.

Beispielsatz: **Puellas in horto puer exspectat**

Vokabeln: exspectare/erwarten, puer/Junge, puella/Mädchen, hortus/Garten

Einziges Verb im Satz und somit Prädikat ist -exspectat-. Das ist 3.Person von exspectare und Singular.
Nun suchen wir das Subjekt:
Puellas ist Akkusativ Plural und somit nicht im Nominativ. Wie du weißt ist das Subjekt immer im Nominativ.
Horto ist der Ablativ von hortus und somit nicht im Nominativ.
Zur Erinnerung: Der Ablativ ist häufig erkennbar an der Präpostion (im,mit).
Bleibt nur noch -puer-. Das ist der Nominativ und passt auch zum Prädikat.
Die Übersetzung: Der Junge erwartet die Mädchen im Garten.

Die Wortstellung ist im Lateinischen verhältnismäßig frei, da die Beziehungen zwischen den Wörtern durch Affixe und ggf. Partikel eindeutig bezeichnet werden, so dass es keiner weiteren Klarstellung durch eine feste Wortreihenfolge bedarf, wie dies im Deutschen der Fall ist. Beispiel:

Canis hominem mordet.
Hominem canis mordet.

Beide Sätze sind grammatisch korrekt und mit „(Ein) Hund beißt (einen) Mann“ zu übersetzen.

Trotz der freien Wortstellung zeigt das Lateinische eine klare Tendenz zur **Wortstellung Subjekt-Objekt-Verb** (SOV), wie sie in sehr vielen Sprachen anzutreffen ist.

Der einfache Satz:
Der einfache Satz besteht aus Subjekt und Prädikat.

Subjekt kann sein:

Substantiv:	Puella cantat	Das Mädchen singt.
Pronomen:	Ille cantat	Jener singt.
	Cantamus	Wir singen
Infinitiv:	Errare humanum est.	Irren ist menschlich.

Prädikat kann sein:

Vollverb Amicus venit. Der Freund kommt.

Hilfsverb, das sich mit einem Nomen verbindet:

Arbor **magna est**. Der Baum ist groß.

Das Prädikat stimmt in Kasus, Numerus und Genus immer mit dem Subjekt überein. Das verlangt die **Kongruenzregel!**

Verbales Prädikat:

Agricola arat.	Der Bauer pflügt:
Agricolae arant.	Die Bauern pflügen.

Substantivisches Prädikatsnomen:

Paulus et Conradus amici sunt.	Paul und Konrad sind Freunde.

Adjektivisches Prädikatsnomen:

Frater laetus est.	Der Bruder ist fröhlich.
Domus magnae sunt.	Die Häuser sind groß.

Der erweiterte einfache Satz

Der einfache Satz kann erweitert durch:
Objekte (möglich sind Nomina, Pronomen, Zahlwörter, Infintive) im Akkusativ, Dativ, Genitiv.

Nihil te fugit	*Nichts entgeht dir.*
Conradus mihi librum donat.	Konrad *schenkt mir ein Buch.*

Adverbiale Bestimmungen sind Satzglieder, die die Umstände eines Geschehens näher bestimmen. Erkennbar mit den Fragen: womit?, wodurch?, warum?, wie?, wann?, wo?

Hoc Caesari cordi erat	Dies lag Cäsar am Herzen.

Das Subjekt und alle Substantive können durch Attribute erweitert werden.

Aedes Minervae ampla est.	Der Tempel der Minerva ist groß.

Adjektive können durch Adverbiale erweitert werden.

Cato vir vere Romanus erat.	Cato war eine echter Römer.

Der Genitiv

hat im Wesentlichen zwei Funktionen:
Genitivattribut: Genauere Beschreibung einer Person oder Sache.
Genitivobjekt: Der Genitiv als Objekt einer Verbalhandlung.

Genitive können von Substantiven, Adjektiven, Adverbien, Pronomina und Verben abhängen. Die Standardfrage nach dem Genitiv ist „wessen?“.

Genitivobjekt:
(bei Verben des Gedenkens und Vergessens, der gerichtlichen Handlung und bei unpersönlichen Verben der Gefühlsäußerung):
meminisse (Defektives Verb, daher besondere Konjugation)
reminisci / sich erinnern (reminiscor/recordatus sum)
oblivisci/ vergessen(obliviscor/oblitus sum)
arguere/ beschuldigen, damnare/ verurteilen
accusare/ anklagen,

noli oblivisci mei	Vergiss mich nicht!
aliquem stultitiae arguere	jemanden der Dummheit beschuldigen
me taedet istius sermonis	Mich ekelt dieses Geschwätz an.
me pudet	Ich schäme mich.
me taedet	es ekelt mich.
me paenitet	ich bereue.
me piget	ich ärgere mich.
Me piget meae stultitiae	ich ärgere mich über meine Dummheit.

Der Genitiv als Attribut

Genitivus subiectivus:

amor patris — die Liebe des Vaters
timor Romanorum — Die Furcht der Römer

Genitivus obiectivus:

amor patris — die Liebe zum Vater
spes salutis — Hoffnung auf Rettung

Genitivus possessivus:(Genitiv des Besitzes)

domus patris — das Haus des Vaters
Domus patris est. Das Haus gehört dem Vater. (prädika tive Verwendung)

Genitivus qualitatis:(Genitiv der Eigenschaft, der Beschaffenheit, Wert- und Zahlenangaben)

puer novem annorum /ein neunjähriger Junge
Amicus erat corporis parvi. Der Freund war von kleinem Körperbau. (prädikative Verwendung)
iter paucorum dierum/ eine Reise von wenigen Tagen

Der Genitiv beim Prädikat

Domus poetae est/ Das Haus gehört dem Dichter

Dativ

Der Dativ kommt als Richtung oder Empfänger im Dativobjekt (indirektes Objekt) vor. Er ist im Singular meist durch die Endung -i (z. B. rei, portui, turri, plebi, capiti), bei den a/o-Stämmen durch -ae (z. B. dominae) bzw. -o (z. B.domino) gekennzeichnet.

Der Dativ steht bei intransitiven Verben:
studere/ sich bemühen, parcere/schonen,
persuadere/ überreden, favere/begünstigen
nubere/ heiraten, nocere/schaden

rei publicae nocere/ dem Staat schaden
studere litteris/ sich mit Wissenschaften beschäftigen
Factis tuis mihi persuasisti/ Durch deine Taten hast du mich überzeugt.

Conradus hortum aliis colit / Konrad legt einen Garten für andere an.
Liber mihi legendus est:/ Das Buch muss von mir gelesen werden.
Cui magna pecunia est?/ Wer hat viel Geld?
Mihi domus est./ Ich besitze ein Haus.

Der Akkusativ

Der Akkusativ kommt als Objekt eines Verbs (direktes Objekt) oder mit Akkusativ verlangender Präposition vor. Er steht als Kasus der Richtung nach den meisten Präpositionen, und bildet auch frei stehende Richtungsangaben (z. B. Romam proficisci „nach Rom aufbrechen").
Der Akkusativ hat meist die Endung **-m** (dominam, dominum, rem, portum, turrim, plebem); im Plural hat er die Endung -s mit Längung (z. B. dominas, dominos, res, portus, turris, plebes).

Beim Akkusativ stehen folgende Präpositionen:

ad	(bis) zu, an, bei
adversus	gegen, gegenüber
ante	vor
apud	bei
circa/circum	ringsum, um...herum, bei
contra	gegen, gegenüber
extra	außer, außerhalb
intra	innerhalb, binnen
iuxta	neben, nahe bei
ob	gegen, wegen
per	durch, durch...hindurch, mittels
post	nach, hinter
praeter	vorbei an, außer
prope	nahe bei, neben, um...herum
propter	nahe bei, neben, wegen
secundum	längs, gemäß
super/supra	oberhalb, über...hinaus
trans	über, hinüber, jenseits

Transitive Verben , die den Akkusativ erfordern

iuvare/ unterstützen
fugere/ fliehen vor
iubere/ befehlen
sequi/ folgen
vetare/ verbieten
ulcisci/ rächen
dolere/ Schmerz empfinden
flere/ weinen
ridere/ lachen
horrere/ schaudern
docere/ lehren (doppelter Akkusativ folgt)
celare/ verheimlichen (doppelter Akkusativ folgt)
poscere/ fordern (doppelter Akkusativ folgt)
postulare/ fordern (doppelter Akkusativ folgt)

Beispielsätze:
Libenter amicos iuvo. / Gern helfe ich den Freunden.
Caesar iniuriam ultus est. / Cäsar rächte sich für das Unrecht.
Milites hostes fugiunt. / Die Soldaten fliehen vor den Feinden.
mater dolet mortem filiae./ Die Mutter beklagt den Tod ihrer Tochter.
Magister discipulos linguam docet. / Der Lehrer lehrt die Schüler eine Sprache.

Der Akkusativ als Adverbiale:
Romam contendere/ nach Rom eilen
Delum proficisci / nach Delos reisen
domum redire / nach Hause zurückkehren
in urbem advenire / in der Stadt ankommen
se in silvam abdere / sich im Wald verstecken
decem pedes altus / zehn Fuß hoch
dies noctesque iter facere / Tag und Nacht marschieren

Der Ablativ

Im lateinischen Ablativ sind mehrere ältere Kasus zusammengefallen: Ablativ, Instrumental, Lokativ. Entsprechend vielfältig sind die Funktionen, die der Ablativ im Lateinischen erfüllt. Um Verwechslungen zu vermeiden, werden mehr Präpositionen verwendet, vor allem zum Ausdruck des Lokativs. Der Ablativ kommt als adverbiale Bestimmung alleine oder mit einer den Ablativ verlangenden Präposition vor.
Der Ablativ tritt oft in Verbindung mit einer Präposition auf. Er wird dann mit dem Kasus wiedergegeben, den die jeweilige Präposition im Deutschen erfordert. z.B. cum domina / mit der Dame.

Ablativformen:
a-Deklination:
cum domina (Singular), cum dominis (Plural)
o-Dekliantion:
cum domino, (Singular), cum dominis (Plural)
3.Deklination:
cum senatore (Singular) , cum senatoribus (Plural)
u-Deklination:
casu (Singular), casibus (Plural)
e-Deklination:
re (Singular), rebus (Plural)

Ablativ des Mittels: (instrumentalis)
Womit oder wodurch geschieht etwas:
gladio pugnare/ mit dem Schwert kämpfen
memoria tenere/ im Gedächtnis bleiben
occasione uti/ die Gelegenheit nutzen
munere fungi/ ein Amt verwalten
Mihi pecunia opus est. / Ich brauche Geld.
confisus amicitia / im Vertrauen auf die Freundschaft
contentus vita/ mit dem Leben zufrieden
Id dignum est laude. / Das Leben ist lobenswert.

Der Ablativ der Art und Weise:(ablativus modi)
summo cum studio defendere/ mit höchstem Eifer
Diese Ausdrücke stehen im Ablativus modi:
iure / zu Recht
iniuria/ zu Unrecht
casu / zufällig
ea condicione / unter dieser Bedingung
eodem modo / auf dieselbe Weise
hac ratione / auf folgende Weise
eo consilio / in dieser Absicht
vi / gewaltsam

Der Ablativus qualitatis bezeichnet eine Eigenschaft:
mulier eximia forma / eine außergewöhnlich schöne Frau
Iuvenes bono animo erant. / Die jungen Leute waren gut gelaunt.

Der **Ablativus pretii** gibt Wert oder Preis an:
magno emere / teuer kaufen
minimo vendere / sehr billig verkaufen

Der **Ablativus mensurae** gibt bei Vergleichen das Maß an:
duobus annis prius / zwei Jahre früher
quo maior, eo celerior / je größer, desto schneller

Der Ablativus limitationis (der Beziehung):
Seneca multos Romanos prudentia et eloquentia superavit. /
Seneca übertraf andere Römer durch Klugheit und Redekunst.
Er steht oft bei: praestare/ übertreffen, superare /übertreffen,
iudicare / beurteilen, maior natu / älter

Der **Ablativus causae** (des Grundes)
Fragen: worüber?, weshalb ?
Wird eingesetzt bei: gaudere / sich freuen über,
dolere/ Schmerz empfinden, laetus / froh über,
tristis / traurig über, superbus / stolz auf

gaudere nuntio / sich über die Nachricht freuen
maestus morte alicuius / über jemandes Tod traurig
fessus aetate / altersschwach
Serva argento gaudet. / Die Dienerin freut sich über das Geld.

Der **Ablativus separativus** (der Trennung):
Er steht mit oder ohne Präposition vor allen bei Ausdrücken des Befreiens und Fernhaltens:
carere / nicht haben
egere / benötigen
solvere/ lösen
liberare a / befreien
vacare a / frei sein
arcere a / abhalten
prohibere a / fernhalten
liber a / frei
tutus a / sicher

Der **Ablativus loci** (des Ortes):
Er steht bei Ortsangaben ohne Präposition. Frage: wo?
Carthagine vivere/ in Karthago leben
tota urbe / in der ganzen Stadt
terra marique / zu Wasser und zu Land.
Sonderform: Romae / in Rom, domi / zu Hause

Der Ablativus temporis (Zeit) wird zur Angabe einer Zeit verwendet. Frage: wann ?
hac nocte / in dieser Nacht
prima luce / bei Tagesanbruch
eodem anno / im gleichen Jahr
antiquis temporibus / in alten Zeiten

Infinitive

Der Infinitiv kann wie ein Substantiv als Subjekt und Objekt verwendet werden. Er kann auch durch Objekte ergänzt und durch Adverbien näher bestimmt werden.
Ansonsten wird er wie im Deutschen verwendet:
Ridere licet. / Lachen ist erlaubt.
Discedere non possum./ Ich kann nicht weggehen.

Der Infinitiv als Subjekt:
Er steht bei unpersönlichen Verben und Ausdrücken:

Errare humanum est. / Irren ist menschlich.

Der Infinitiv als Objekt:
Er steht bei Verben im Aktiv, besonders bei Verben des Wollens, Könnens, Müssens, Bewirkens.
Potuit in urbem redire. / Er konnte in die Stadt zurückkehren.
Conatus est litteram scribere. / Er versuchte, einen Brief zu schreiben.

Der Akkusativ mit Infinitiv:
Er ist im Lateinischen eine **beliebte Konstruktion**. Er besteht aus einem Akkusativ und einem Infinitiv, die von einem übergeordneten Prädikat abhängig sind. Im Deutschen gibt es zwei Möglichkeiten, diese Konstruktion zu übersetzen:
Audio amicum venire.
1)Ich höre, den Freund kommen
2)Ich höre, dass der Freund kommt. (Nebensatz durch die Konjunktion dass eingeleitet)

Plinius nubem ascendere videt. / Plinius sieht, dass eine Wolke aufsteigt.
Conradus periculum imminere scit./ Konrad weiß, dass eine Gefahr droht.
Scimus te beatum esse. Wir wissen, dass du glücklich bist.

Das Partizip

Partizipien sind von Verben stammende Formen, die sowohl verbalen als auch attributiven Charakter haben. Daher auch der Name Partizipium (pars & capere), das Teilnehmen. Ein Partizip nimmt an den Eigenschaften von Verb und Adjektiv zugleich teil.
Partizipien sind sogenannte Verbaladjektive, d.h., sie werden von Verben abgeleitet und wie Adjektive dekliniert.
Das Partizip Präsens Aktiv wird vom Präsensstamm abgeleitet. An den Präsensstamm wird im Nominativ Singular die Kennung **-ns** gehängt.
In allen anderen Kasus folgt auf den Präsensstamm die Kennung **-nt-**.
Die Endungen sind dieselben wie die der Adjektive der 3. Deklination. Lediglich im Ablativ Singular lautet die Endung meist -e statt **-i**

Partizip Präsens Aktiv:

portare / tragen	m	f	n
Nom.Sg.	porta-ns	porta-ns	porta-ns
Gen. Sg.	porta-nt-is	porta-nt-is	porta-nt-is
Dat. Sg.	porta-nt-i	porta-nt-i	porta-nt-i
Akk. Sg.	porta-nt-em	porta-nt-em	porta-ns
Abl. Sg.	porta-nt-e	porta-nt-e	porta-nt-e
Nom. Pl.	porta-nt-es	porta-nt-es	porta-nt-ia
Gen. Pl.	porta-nt-ium	porta-nt-ium	porta-nt-ium
Dat. Pl.	porta-nt-ibus	porta-nt-ibus	porta-nt-ibus
Akk. Pl	porta-nt-ês	porta-nt-ês	porta-nt-ia
Abl. Pl.	porta-nt-ibus	porta-nt-ibus	porta-nt-ibus

Orpheus canens animas mortuorum movit. / Orpheus beieindruckte singend die Seelen der Toten.

Das Gerundium

Auch im Deutschen kann das Verb zum Substantiv werden. Diese Art des substantivierten Verbs nennt man „**Verbalsubstantiv**".
Auch im Lateinischen gibt es diese Konstruktion, man bezeichnet sie als das Gerundium.
Kennzeichen des Gerundiums sind die Buchstaben „-nd", die (mit jeweiliger Kasusendung aus der a- bzw. o-Deklination) an den Präsensstamm gehängt werden.

Das Gerundium tritt in drei verschiedenen Kasus auf:

Genitiv:	amandi	des Liebens
Akkusativ:	ad amandum	zum Lieben/um zu lieben
Ablativ:	(in) amando	(beim) durch das Lieben

Einfacher Merksatz: -ndi, -ndo, -ndum – das ist das Gerundium!

Oft gibt es zwei Möglichkeiten der Übersetzung, nämlich einmal als Substantiv und als Infinitiv.
Beispiel:
ars amandi - die Kunst des Liebens oder die Kunst, zu lieben

Häufig tritt das Gerundium mit dem Präpositionen „ad" (mit Akkusativ) und „causa" (mit Genitiv) auf.

Beispiel:
Ad amandum - um zu lieben
Amandi causa - wegen des Liebens

Nom.	(legere)/ das Lesen (reiner Infinitv, keine nd-Form)	
Gen.	legendi	des Lesens
Dat.	legendo	dem Lesen (sehr selten)
Akk.	legendum	das Lesen
Abl.	legendo	durch das Lesen

Beispiele:
Occasio discendi tibi est / Du hast die Gelegenheit, zu lernen.
Studiosus discendi es. / Du bist eifrig bemüht zu lernen.
Liberi ad discendum conveniunt. /Die Kidner kommen zu Lernen zusammen.

Wortbildung

Viele Substantive werden mit bestimmten Nachsilben gebildet (Suffixe), die an den Wortstamm angefügt werden.
Substantive die auf -ia, -itia, -tas, -tus, oder -tudo enden gehören meist zu Adjektiven, wie miseria zu miser, multitudo zu multi.
Die so gebildeten Substantive drücken oft eine Eigenschaft aus.
Auf diese Weise kann man die Bedeutung vieler Substantive aber auch Adjektive erkennen, ohne die Vokabel selbst gelernt zu haben.
potentia zu potens, sapienta zu sapiens, superbia zu superbus, libertas zu liber, fortitudo zu fortis, diligentia zu diligens, crudelitas zu crudelis.

Andere Substantive hängen mit Verben zusammen:
Substantive auf - tor bezeichnen jemand, der etwas tut.
imperator zu imperare, orator zu orare.

Das Suffix - tio bezeichnet eine Handlung:
oratio zu orare.
Das Suffix - ium bezeichnet ein Ergebnis:
aedificium zu aedificare, imperium zu imperare.
Das Suffix - mentum bezeichnet ein Mittel:
ornamentum zu ornare

Verben
Viele Verben kann man von Substantiven ableiten:
amare von amor, z. Beispiel
laborare von labor
nuntiare von nuntius
finire von finis
militare von miles

Und dann gibt es da noch die Komposita, das sind Verben aus einem einfachen Verb und einer Vorsilbe (Präfix).
Wenn man die Präfixe kennt, so hast du schon fast die Bedeutung:

ab- (a-, abs-)	weg-, ab-
ad- (ac-, at-)	hinzu-, dabei-,
com- (col-, con-)	zusammen-
de-	herab-, weg-,
dis- (di-, dif-)	auseinander-
ex- (e-, ef-)	heraus
in- (il-, im-)	hinein-, darin-
per-	hindurch, durch-
pro- (prod-)	hervor, vor-
re- (red-)	zurück-, wieder-

Wörterverzeichnis

a, ab +Ablativ	von
abdo, abdere, abdidi, abditum	verbergen
abeo, abire, abii, abitum	weggehen
absens	abwesend
absum, abesse, afui, abfuturus	abwesend sein
ac	und
accidit, ut	es geschieht, dass
accipio, accipere, accepi, acceptum	bekommen
accuso, accusare, accusavi, accusatum	anklagen
acer, acris, acre	scharf, spitz
acies, aciei f	Schärfe,Schneide
ad +Akk	zu, bei, nach
addo, addere, addidi, additum	hinzufügen
adest	er,sie,es hilft
adiuvo, adiuvare, adiuvi, adiutum	helfen
adsentior, -iri	zustimmen
adsum	ich helfe
adsumus	wir helfen
adulescens, adulescentis m	junger Mann
aedes,aedis	Tempel
aedificium, -i n	Gebäude
aeger, aegra, aegrum	krank
aegrotus, a, um	zerrüttet
aegrotus,a,um	krank
aequus, -a, -um	eben,flach,gleich
aer, aeris m	Luft
aes,aeris n	Erz
aestas,aestatis f	Sommer
aestimo,-are, aestimavi, aestimatum	bewerten, glauben
aetas, aetatis f	Leben, Zeit
aeternus,a,um	ewig

ager, agri m	Acker
agger, aggeris m	Damm
ago, agere, egi, actum	treiben, tun
albus,a,um	weiß
alienus, a, um	fremd
aliquando	einmal, einst
aliquid novi	etwas Neues
aliquis, aliquid,	irgendeiner
alius, alia, aliud	der,die, da andere
alter	der eine
alter, altera, alterum	der andere
alter...... alter	der eine.... der andere
altus, a, um	hoch
amare	lieben
amicitia, -ae f	Freundschaft
an	oder
angustus, a, um	eng
anima, -ae f	Luft, Seele, Geist
animal, animalis n	Tier
animus, -i m	Gefühl, Empfindung
annus, anni m	Jahr
ante	vorher
ante + Akk	vor
antea	vorher, früher
antiquus, antiqua, antiquum	alt
aperio, -ire, aperui, apertum	öffnen,aufmachen
appareo, apparere, apparui,	erscheinen,sich zeigen
appello, -are, appellavi, appellatum	nennen
appropinquo, -are, -avi, -atum	sich nähern
apud+Akk	nahe
apud+Akk	bei
aqua, -ae f	Wasser
arbitror, arbitrari , arbitratus sum	meinen, glauben

arbor, arboris f	Baum
arceo, arcere, arcui	abwehren, verhindern
arguo, arguere, argui, argutum	behaupten, beweisen
aridus, a, um	trocken
arma, armorum n	Waffen
ars, artis f	Kunst
arx, arcis f	Burg
ascendo, ascendere, ascendi, ascensum	besteigen
aspicio, -ere, aspexi, aspectum	erblicken
astrum - i, n	Stern
at	aber
at	andererseits
audacia, -ae f	Kühnheit
audax, acis	kühn, frech
audeo, audere, ausus sum	wagen
audio, audire, audivi, auditum	hören
augeo, augere, auxi, auctum	vermehren,verherrlichen
aura, aurae f	Luft, Licht, Geruch
auris, is f	Ohr
aurum, auri n	Gold
aut	oder
aut - aut	entweder oder
autem	aber, dagegen
auxilium, auxilii n	Hilfe
avus,avi m	Großvater,Vorfahr
balneum, -i n	Bad
beatus, a, um	glücklich
bellum gerere	Krieg führen
bellum inferre	angreifen
bellum, i n	Krieg
bene	gut
beneficium, beneficii n	Wohltat
benevolentia, -ae f	Wohlwollen

bonus,a,um	gut
bos, bovis m	Rind
breve (Adverb)	kurz
brevis	kurz
cado, cadere, cecidi, casurus	fallen
caelum, caeli n	Himmel, Wetter
calamitas, atis f	Schaden
calidus, a, um	heiß
callidus, a, um	schlau
campus, i m	Feld
candidus, candida, candidum	hell, weiß,zuverlässig
canis, canis m	Hund
cano, canere, cecini, cantatum	singen
capio, capere, cepi, captum	fangen
captivus, captiva, captivum	gefangen
caput, capitis n	Hauptstadt
caput, capitis n	Kopf, Haupt
careo,carere, carui, cariturus	entbehren,vermissen
carmen, carminis n	Lied, Gedicht
carus, a, um	lieb,wert
casa,casae (f)	Hütte, Häuschen
castra, castrorum n	Kriegslager
casus,casus(m)	Fall,Zufall
catena,ae(f)	Kette
causa	wegen
causa, ae f	Ursache
caveo, cavere, cavi, cautum	sich in Acht nehmen
cedo, cedere, cessi, cessum	weggehen,weichen
celer , eris, ere	schnell
celeritas, -tatis f	Schnelligkeit
cena, cenae f	Essen
ceno, cenare	essen
centum	hundert

cerno, cernere, crevi, cretum	wahrnehmen
certamen, cartaminis n	Wettkampf
certe	sicherlich
certiorem facere	benachrichtigen
certo, certare, certavi, certum	kämpfen
certum facere	benachrichtigen
certus, certa, certum	sicher, genau
ceteri, ceterae, cetera	die übrigen
cibus, cibi m	Nahrung
cito	schnell, rasch
civis , civis m	Bürger
civitas, civitatis	Staat
clades, cladis f	Niederlage
clam	heimlich
clamo, clamare, clamavi, clamatum	rufen
clamor, clamoris m	Geschrei
claridus, a, um	klar , berühmt
clarus	klar, hell
clarus, a, um	berühmt
classis, classis f	Flotte
claudo, claudere, clausi, clausum	schließen
cogito, cogitare, cogitavi, cogitatum	denken
cognosco, cognoscere, cognovi, cognitum	kennen lernen
cogo, cogere, coegi, coactum	zusammentreiben
collis, collis m	Hügel
colloquium, -i n	Gespräch
colo, colere, colui, cultum	bewohnen
comitor, comitari	begleiten
compleo, complere, complevi, completum	anfüllen
compos, compotis	mächtig
concedo, concedere, concessi, concessum	erlauben
concilium, -i n	Versammlung
concordia, ae f	Eintracht

condicio, condicionis f	Bedingung
conficio, conficere, confeci, confectum	vollenden,anfertigen
confligo, confligere, conflixi, conflictum	kämpfen
coniuratio, coniurationis f	Verschwörung
conor, con ari, conatus sum	versuchen
consentio, -ire, -sensi, -sensum	übereinstimmen
consequor,-i,	verfolgen, erreichen
consilium, -i	Plan, Beratung
consilium, ii n	Versammlung
constat	es steht fest
constituo, constituere, constitui, constitutum	bestimmen
consulo, -ere, -sului, -sultum	um Rat fragen
contemno, -ere, -tempsi, -temptum	verachten
contendo, contendere, contendi, contentum	sich anstrengen
contineo, continere, continui, contentum	umfassen
contra	gegen
copia, copiae f	Vorrat
coquus,i	Koch
cor, cordis n	Herz
coram	öffentlich
corpus	Körper, Leichnam
corpus, corporis n	Körper
corrumpo, corrupere, corrupi, corruptum	verderben
cras	morgen
crassus, a, um	dick
credo,credere, credidi, creditum	glauben, vertrauen
cresco, crescere, crevi, cretum	wachsen
crimen, criminis n	Beschuldigung
crudelis, crudele	grausam
cui?	wem?
cuius?	wessen?
culpa, -ae f	Schuld

cum	mit
cuncti, cunctae, cuncta	alle, alles
cunctor, -ari	zögern
cunctus, a,	um ganz
cupidus, cupida, cupidum	begierig
cupio, cupere, cupivi/ cupii, cupitum	wünschen
cur	warum
cura, -ae f	Sorge
curare	sorgen
curro, currere, cucurri, cursum	laufen
custodio, custodire, custodivi	bewachen
custos, -odis m	Wächter
damnare, vi, tum	Verurteilen
damno, damnare, damnavi, damnatum	verurteilen
dare	geben
dare, do, dedi, datum	geben
de	über, von
dea,ae (f)	Göttin
debeo, debere, debui, debitum	sollen, müssen
decem	zehn
decet	es gehört sich
decipio, decipere, decepi, deceptum	täuschen
decus, decoris n	Ehre, Anstand
dedecus, -oris n	Schande
dedo, dedere, dedidi, deditum	übergeben,ausliefern
defendo, defendere, defendi, defensum	verteidigen
deficio,deficere,defeci,defectum	abnehmen, schwinden
deinde	dann
deleo	zerstören
deleo, delere, delevi, deletum	zerstören
denique	schließlich
desero, deserere, deserui, desertum	verlassen

desiderium, desiderii n	Sehnsucht
despero, desperare, desperavi, desperatum	verzweifeln
deus,i	Gott
dextra-sinistra	rechts-links
dicitur (Nominativ mit Infinitiv)	man sagt, dass
dico, dicere, dixi, dictum	sagen
dies, diei	Tag
difficillis	schwierig
dignitas, dignitatis f	Würde
dignus + Abl	würdig, wert
dignus, a, um	würdig
diligo, diligere, dilexi, dilectum	lieben, schätzen
dilligens, dilligentis (Gen)	sorgfältig
disco, discere, didici	lernen
discordia, -ae f	Uneinigkeit
dissero, disserere, dissevi, dissitum	erörtern
dissimilis, dissimile	ungleich
dissimulo, -are	verheimlichen
diu	lange
diu, diutius, diutissime	lang, länger, am längsten
diversus	entgegengesetzt
dives, divitis (Gen)	reich
divido, dividere, divisi, divisum	teilen
divinus, a, um	göttlich
divitiae, -arum f	Reichtum
do, dare, dedi, datum	geben
doceo	lehren
doceo, -ere, docui, doctum	lehren
doleo, dolere, dolui, doliturus	bedauern
dolor, oris m	Schmerz
domi	zu Hause

domina,ae(f)	Herrin
dominatio, -onis f	Diktatur
domo	von zu Hause
domum	nach Hause
domus, domus f	Haus
donec	solange bis
dono, donare, donavi, donatum	schenken
donum, -i	Geschenk
dormio, dormire, dormivi	schlafen
dos, dotis f	Gabe, Begabung
dubitare	zweifeln
dubito , -are, dubitavi, dubitatum	zweifeln
dubium, dubii n	Zweifel
ducenti ae, a, orum	zweihundert
duco, -ere, duxi, ductum	führen, glauben
dulcis, is	süß
dum	während
duo	zwei
durus, a, um	hart
e, ex	aus, von.her
ea	sie(Akkusativ)
eae	sie
eam	sie (Akkusativ)
earum	ihrer
eas	sie (Akkusativ)
egeo, egere, egui	Mangel haben
ego	ich
egredior, egredi, egressus sum	hinausgehen
ei	ihm,ihr
eius	seiner, ihrer (Genitiv)
emo, emere, emi, emptum	nehmen
eo	dorthin
eo, ire,	gehen

eorum	ihrer
eos	sie (Akkusativ)
epistula, ae f	Brief
eques, equitis m	Reiter
equitatus, equitatus m	Reiterei
equus, equi m	Pferd
erga	gegen
ergo	deshalb
erro, errare, erravi, erratum	irren
error, erroris m	Irrtum
esse, sum, fui,	sein
et	und, auch
et.... et	sowohl..als auch
eum	ihn (Akkusativ)
evenio, evenire, eveni, eventum	sich ereignen
eventus , -us m	Ereignis
exemplum, -i, n	Beispiel
exercitus, -us m	Heer
exilium, -i n	Verbannung
existimo, existimare, existimavi, -atum	meinen, glauben
expendo, expendere, expendi, expensum	erwägen,prüfen
exploro, explorare, exploravi, tum	erkunden
exspecto, exspectare, exspectavi	erwarten
fabula, -ae(f)	Geschichte
facile factu	leicht zu tun
facilis, facile	leicht
facilis, is	leicht
facinus, facinoris n	Untat
facio, facere, feci, factum	machen, tun
factum, facti n	Tatsache
factum,facti(n)	Tatsache
facultas, atis f	Möglichkeit
fallo,fallere, fefelli, falsum	täuschen

falsus, falsa, falsum	falsch
fama, -ae f	Gerücht
fari, fatus sum	sprechen
fas n	göttliches Gebot
fatigatus, a, um	müde
fatum, fati n	Schicksal
faveo, favere, favi, fautum	begünstigen
felix	glücklich
femina, -ae(f)	Frau
fere	ungefähr
fero, ferre, tuli, latum	tragen
ferunt	man berichtet, dass
ferus, fera, ferum	wild
festinare	eilen
fides, fidei f	Treue,
fidus	treu
filia, -ae(f)	Tochter
filius, filii m	Sohn
findo, findere, fidi, fissum	spalten
fingo, fingere, finxi, fictum	gestalten
finis,finis m	Grenze
finitimus, finitima, finitimum	benachbart
fio, fieri, factus sum	werden, entstehen
firmus, -a, -um	stark
flagitium, i n	Schande
flagrare	brennen
fleo	weinen
flumen, fluminis n	Fluss
fluo, -ere, fluxi, fluctum	fließen
foedus,foederis	Bündnis
forma,ae(f)	Schönheit,Form
fortasse	vielleicht
forte	zufällig

fortis, forte	tapfer, mutig
fortitudo, fortitudinis f	Tapferkeit, Mut
fortuna, -ae f	Schicksal
frango, -ere, fregi, fractum	brechen, zerbrechen
frater, fratris m	Bruder
frequens, frequentis	häufig
frigidus, a, um	kalt
frumentum, -i n	Getreide
fruor, frui (+Abl)	genießen
fugare	in die Flucht schlagen
fugio, fugero, fugi	fliehen
fugo, -are, fugavi, fugatum	in die Flucht schlagen
fungor, fungi	erfüllen
gaudeo, -ere	sich freuen
gaudium, gaudii n	Freude
gens, gentis f	Volksstamm
genus, generis n	Geschlecht
gero, gerere, gessi, gestum	tragen, ausführen
gladius, -i m	Schwert
gratia,ae(f)	Anmut
gratus, -a, -um	angenehm
gravis, grave	schwer
gubernare	steuern
habeo, habere, habui, habitum	haben
habitare	wohnen
haereo, haerere, haesi, haesurus	haften,hängen bleiben
haud	nicht eben
haurio, haurire, hausi, haustum	schöpfen,empfinden

heri	gestern
hic, haec, hoc	dieser, diese, dieses
hiems, hiemis f	Winter
hodie	heute
homo, hominis m	Mensch
honor, -oris m	Ehre
hora, -ae f	Stunde
horreo, -ere, horrui	schaudern,zittern
horribilis, horribile	schrecklich
hortor, -ari	auffordern, ermuntern
hortus,i m	Garten
hospes, hospitis m	Gastfreund
hostis, -is m	Feind
humanitas, humanitatis f	Menschlichkeit, Bildung
iaceo, iacere, iacui, iaciturus	liegen
iacio, iacere, ieci, iactum	werfen,schleudern
iacto, iactare, iactavi, iactatum	werfen, prahlen
iam	schon
ibi	da, dort
id	es
idem	jener
idem, eadem, idem	derselbe,dieselbe,dasselbe
idem,eadem,idem	der gleiche
igitur	daher
ignis, ignis m	Feuer
ignoro, -are, ignoravi, ignoratum	nicht wissen
ignosco,ignoscere, ignovi, ignotum	verzeihen
ii	sie
iis	ihnen
ille, illa, illud	jener
immortalis, imortale	unsterblich
impedio, impedire, impedivi	hindern
imperium, imperii n	Herrschaft

impero, imperare, imperavi, imperatum	befehlen
impetus m	Andrang,Ansturm
in (+Akk)	in, nach, auf
in libertam vindicare	befreien
incertus, -a, -um	unsicher
incipio, incipere, coepi, coeptum	beginnen
incola, -ae m	Einwohner
incolumis, incolume	unverletzt
inde	von da an
inde	daher
induco, inducere, induxi, inductum	hineinführen
infelix, -icis	unglücklich
infinitus	unbegrenzt
infirmus	schwach
ingenium, -i n	Begabung
ingens	riesig
inimicus, - i m	Feind
iniquus	ungleich
initium, inititii n	Anfang
inopia, inopiae f	Mangel
inquit	er sagt
insidiae, insidiarum f	Hinterhalt
instruo,instruere, instruxi, instructum	einbauen,unterrichten
insula,ae(f)	Insel
intellego, -ere, -lexi, -lectum	verstehen
intelligentia, -ae f	Vorstellung, Begriff
intentus	beschäftigt
inter	zwischen
interea	inzwischen
interficere, interficio, -feci, -fectum	vernichten, töten
interim	inzwischen
interrogo, interrogare, -avi, -atum	fragen

intra	innerhalb
intro, intrare	eintreten
intueor, intueri, tuitus sum	betrachten
invado, invadere, invasi, invasum	eindringen
invenio, invenire, inveni, inventum	finden
invideo, invidere, invidi, invisum	beneiden
ipse	selbst
ipse, ipsa, ipsum	selber, selbst
ira, -ae (f)	Zorn
iratus, a, um	erzürnt
is	er
iste, ista, istud	dieser da
ita	so
itaque	daher
item	ebenso
iter, itineris n	Reise,Marsch
iubeo, iubere, iussi, iussum	befehlen, gutheißen
iudex, -icis m	Richter
iudicium, iudicii(n)	Urteil
iungo, iungere, iunxi, iunctum	verbinden
ius iurandum, iuris iurandi	Eid
ius, iuris n	Recht
iustus, a, um	gerecht
iuvenis, iuvenis m	junge Mann
iuvit	es erfreut
iuvo, iuvare, iuvi, iutum	helfen,unterstützen
labor, labi, lapsus sum	gleiten,schweben
labor, laboris m	Arbeit
laboro, laborare, laboravi, laboratum	arbeiten
lacrima, -ae f	Träne
laetus, a, um	froh
lapis, lapidis m	Stein

latus, a, um	breit
latus, a, um	weit
latus, lateris n	Seite
latus,a,um	breit
laudatus,a,um	gerühmt
laudo, laudare, laudavi, laudatum	loben
laus, laudis f	Lob
legatus, -i m	Gesandter
legio, legionis f	Legion
levis, -e	leicht
lex, legis f	Gesetz
libenter	gerne
liber, libera, liberum	frei
libero, liberare	befreien
libertas, libertatis f	Freiheit
libertus, -i	Freigelassener
libet, libuit, libitum est	es gefällt
libido, libidonis f	Lust
licet, licere, licuit, licitum est	es ist erlaubt
lingua,ae(f)	Sprache
litus, litoris n	Meeresufer,Küste
locus, loci m	Ort
longe	weit
longior	länger
longus, a, um	lang
loquor, loqui, locutus sum	sprechen, unterhalten
ludus, ludi	Spiel, Schule
lumen, luminis n	Licht
lux, lucis f	Licht
magis	mehr
magna voce	laut
magnitudo, magnitudinis f	Größe
magnus, a, um	groß

magnus, a, um	groß,geräumig,gewaltig,stark
maiores, maiorum	Vorfahren
malo, malle, malui	lieber wollen
malus, a, um	schlecht
malus, mali (m)	Apfelbaum
mando, mandare, mandavi, mandatum	anvertrauen
maneo, manere, mansi, mansum	bleiben
manus, manus f	Hand
mappa, mappae	Serviette
mare, maris (n)	Meer
maritus, mariti (m)	Ehemann
mater, matris (f)	Mutter
matrimonium, -i n	Ehe
maturus, a, um	reif
me	mich
mei	meiner
memini, meminesse	sich erinnern
memoria, -ae f	Gedächtnis
mens, mentis f	Verstand,Denkvermögen
mensis, mensis m	Monat
mentior, mentiri, mentitus sum	fälschlich behaupten
merces, mercedis	Lohn, Preis
metuo, metuere, metui	fürchten, befürchten,
metus, metus m	Furcht, Befürchtung
meus, mea, meum	mein
mihi	mir
miles, militis m	Soldat
militaris, -e	militätisch
mille	tausend
miser, misera, miserum	arm
misereor, misereri, miseritus sum	sich erbarmen,
mitto, mittere, misi, missum	schicken
modestia, modestiae f	Mäßigung

modo	eben
modo	nur
modus, modi	Art und Weise
moenia, moenium	Mauern
molestus, a, um	lästig,beschwerlich
moneo, monere, monui, monitum	ermahnen
morior, mori, mortuus sum	sterben
moror, morari	sich aufhalten
mors, mortis f	Tod
mortalis, mortale	sterblich
mortuus	tot
mos, moris m	Sitte
moto, motare	hin und her bewegen
motus, motus m	Bewegung
moveo, movere, movi, motum	bewegen
mox	bald
mulier, mulieris f	Frau
multitudo, multitudinis f	Menge
multum	ein großer Teil
mundus, a, um	sauber
mundus, mundi m	Welt
mundus,a,um	zierlich,elegant
munio, munire, munivi, munitum	befestigen
munus, muneris n	Amt, Pflicht
muto, mutare, mutavi, mutatum	ändern, wechseln
mutus, a, um	stumm
nam	denn
nam, enim	denn, nämlich
nanciscor, nancisci, nanctus sum	erreichen
narrare	erzählen
nascor, nasci, natus sum	geboren werden
natura, -ae f	Natur
natus	geboren

navigare	segeln
navis, navis f	Schiff
ne	nicht
necare	töten
necesse est	notwendig
neco, necare, necavi, necatum	töten
neglego, neglegere, neglexi, neglectum	vernachlässigen
nego, negare, negavi, negatum	leugnen
negotium, -i n	Beschäftigung
nemo	niemand
nescio, nescire, nescivi, nescitum	nicht wissen
nihil	nichts
nihil nisi	nichts außer, nur
nisi	wenn nicht
nix, nivis f	Schnee
nobilis	adlig, edel
nobis	uns
noceo, nocere, nocui, nocitum	schaden
nolo, nolle, nolui	nicht wollen
nomen, nominis n	Name
non	nicht
non dubito, quin	ich zweifle nicht, dass
non iam	nicht mehr
nonnulli, -ae, -a	einige
nonnumquam	manchmal
nos	wir
nos	uns
noster	unser
noster, nostra, nsotrum	unser, -e, es
noster, tra, trum	unser
nostri	unser (Genitiv)
novem	neun
novi, novisse	wissen, kennen

novus, a, um	neu
nox, noctis f	Nacht
nubes, nubis	Wolke
nubo, nubere, nupsi, nuptum	heiraten
nullus	keiner
numen, numinis n	Gottheit
numquam	niemals
nuntio, nuntiare, nuntiavi, nuntiatum	melden,verkünden
nuntius, nuntii	Bote
nuper	neulich
nusquam	nirgends
ob	gegen
obligo, obligare, obligavi, obligatum	verbinden
obliviscor, oblivisci, oblitus sum	vergessen
obscurus, a, um	dunkel
obsideo, obsidere, obsedi, obsessum	belagern
occasio, onis f	Zufall
occido, occidere, occidi, occisum	töten
occupo, occupare, occupavi, occupatum	einnehmen
octo	acht
odi, odisse, osurus	hassen
odium, -i, n	Hass
officium,oficii(n)	Amt, Pflicht
olim	einst
omnino	überhaupt
omnis, omne	jeder, alle
onus, oneris n	Last, Ladung
opera, -ae f	Mühe
operam dare	sich Mühe geben
opinio, -onis f	Meinung
opinor, opinari, opinatus sum	meinen
oppidum, -i n	kleine Stadt
optimus, optima, optimum	der beste, sehr gut

opto, optare, optavi, optatatum	wünschen
opus est re	eine Sache ist nötig
opus, operis n	Werk
orare	sprechen,bitten,beten
oratio, -onis f	Rede
orbis, orbis m	Erde, Kreis
ordo, ordinis m	Ordnung
origo, originis f	Ursprung
oro, orare, oravi, oratum	beten, bitten
os, oris n	Mund
os, ossis n	Knochen
otium, otii n	Freizeit
ovum,ovi(n)	Ei
paene	fast
par, paris	gleich
pareo, parere, parui, pariturus sum	erscheinen,sich zeigen
paro, parare	vorbereiten
parum + Gen	zu wenig
parvus, a, um	klein
pateo, patere, patui	sich erstrecken
pater, patris m	Vater
patior, pati, passus sum	erdulden
patria, -ae f	Heimat
pauci	wenige
paulum	ein wenig
pauper, pauperis	arm
pectus, pectoris n	Brust, Herz
pecunia, -ae f	Geld
pecus, pecoris n	Vieh
pello, pellere, pepuli, pulsum	schlagen
per (+Akk)	durch
pereo, perire, perii, periturus	umkommen
perfectus, a, um	vollkommen

pericolosus	gefährlich
periculum, periculi n	Gefahr
peritus erfahren,	kundig
permitto, permittere, permisi, permissum	erlauben
pernicies, perniciei f	Untergang, Verderben
pes, pedis m	Fuß
petere salutem fuga	Heil in der Flucht suchen
peto a te	ich bitte dich
peto, petere, petivi, petitum	bitten
pienus, a, um	voll
pietas, pietatis f	Pflichtgefühl
pius, pia, pium	fromm
placeo, placere, placui, placitum	gefallen
planus, a, um	flach
plebs, plebis f	Volk
plenus, plena, plenum	voll
plerique, pleraeque, pleraque	die Mehrzahl
plerumque	meistens
plurimus	der meiste
plus	mehr
poena, ae(f)	Strafe
polliceor, polliceri, pollicitus sum	versprechen
pono, ponere, posui, positum	setzen, stellen, legen
pons, pontis m	Brücke
porta,ae(f)	Tür
porto,portare	bringen, tragen
portus, -us m	Hafen
posco, poscere, poposci	fordern
possideo, possidere, possedi, posessum	besitzen
possum, posse, potui	können
post (+Akk)	hinter , nach
postea	später
postquam	nachdem

postremo	zuletzt
potens, potentis	mächtig
potentia, -ae f	politische Macht
potestas, potestatis f	Kraft, Macht
potior, potiri, potitus sum	erlangen
praebeo, praebere, praebui, praebitum	gewähren
praeclarus, a, um	ausgezeichnet,
praestat	es ist besser
praeter + Akk	außer
praeterea	außerdem
premo, premere, pressi, pressum	drücken
pretium, pretii n	Lohn
pridentia, -ae f	Klugheit
primo	zuerst
primum	erstens
principium, ii n	Anfang
priusquam	bevor
pro (+Abl)	vor
pro (+Abl)	für
probo, probare	prüfen
procul fern,	von weitem
prodsum, prodesse	nützen
proelium committere	den Kampf beginnen
proelium, proeli (n)	Gefecht
proficiscor, proficisci, profectus sum	aufbrechen
prohibeo, prohibere, prohibui, prohibitum	hindern
proles, -is f	Nachkomme
promitto, promittere, promisi, promissum	versprechen
prope	beinahe
proprius	eigen
propter (+Akk)	wegen
protervus, a, um	frech, unverschämt
provideo, providere, providi, provisum	vorhersehen

proximus	der nächste
prudens	klug
puella,ae (f)	Mädchen
pugna, -ae f	Kampf
pugno, pugnare	kämpfen
pulcher, pulchra, pulchrum	schön
punio, punire,	bestrafen
purus,a,um	rein
puto, putare, putavi, putatum	halten für, glauben
quaero, quaerere, quaesivi	suchen, fragen
qualis	wie
quam	wie, wie sehr
quam	als
quando?	wann ?
quantus	so groß wie
quantus, quanto, quantum	wie groß, wieviel
quasi	gleichsam
quattuor (undeklinierbar)	vier
quem?	wen?
queror, queri, questus sum	klagen
qui	welcher
quicumque	wer auch immer
quid novi?	was gibt es Neues
quid?	was?
quidam, quaedam, quoddam	einige
quidem	gewiss/sicherlich/zwar
quies, quietis f	Ruhe
quiesco, quiescere, quievi, quietum	ruhen, schlafen
quietus,a,um	still
quin etiam	ja sogar
quingenti	fünfhundert
quinquaginta (undeklinierbar)	fünfzig
quinque (undeklinierbar)	fünf

quis?	wer?
quisque	jeder
quisque, quidque	jeder
quo	wohin
quod	weil
quodsi	wenn also
quondam	einst
quoniam	weil
rapio, rapere, rapui, raptum	rauben
rarus, a, um	selten
ratio, rationis f	Vernunft
re vera	in Wirklichkeit
recito, recitare, recitavi, recitatum	vorlesen
rectus,a,um	richtig
refero, referre, rettuli, relatum	berichten
referre ad	beziehen auf
reficio, rificere, refeci, refectum	wiederherstellen
regio, regiones f	Gegend
regnum, regni	Herrschaft
rego, regere, rexi, rectum	leiten
relinquo,relinquere, reliqui, relictum	zurücklassen
reliquus	übrig
reperio, reperire, repperi, repertum	finden
repeto, repetere, repetivi, repetitum	wiederholen
res gestae	Taten
res prosperae	Glück
res publica	Staat
res secundae	Glück
res, rei f	Sache
resisto,resistere,	Widerstand leisten
respondeo,-spondere, respondi, responsum	antworten
restituo, restituere, restitui, restitutum	wiederherstellen
retineo, retinere, retinui, retentum	zurückhalten

reus, -i m	Angeklagter
rex, regis m	König
rideo, ridere, risi, risum	lachen
ripa, -ae f	Ufer
rogo, rogare	fragen, bitten
rotundus,a,um	rund
rursus	rückwärts,zurück
sacer, sacra, sacrum	heilig
sacerdos, sacerdotis	Priester
sacrificium, sacrificii n	Opfer
sacrum, -i, n	Heiligtum
saeculum, -i n	Jahrhundert
saepe	oft
salus, salutis f	Wohlbefinden
saluto,salutare	grüßen
sane	gewiss
sanguis, sanguinis m	Blut
sanus, sana, sanum	gesund
sapiens	weise
sapientia, -ae f	Weisheit,Verstand
satis	genug
saxum, saxi n	Fels
scelus, sceleris n	Verbrechen
scientia, scientiae f	Wissenschaft
scio, scire, scivi/scii,scitum	wissen
scribo,scribere, scripsi, scriptum	schreiben
securus, secura, securum	sicher
sed	aber, sondern
sedecim	sechzehn
sedeo, sedere, sedi, sessum	sitzen
sedes, sedis f	Sitz
semper	immer
senex, senis m	alter Mann

sententia, -ae	Meinung
sentio, sentire, sensi, sensum	bemerken, fühlen
septem	sieben
sequor, sequi, secutus sum	folgen,
sermo, sermonis m	Unterhaltung, Gespräch
sero	spät
sero, serere, serui, sertum	aneinander knüpfen
sero, serere, sevi, satum	säen,pflanzen
servitus, servitutis f	Sklaverei
servo, servare, servavi, servatum	retten
severus,a,um	streng
sex	sechs
si	wenn
si autem	wenn aber
sic	so
sidus, sideris, n	Stern, Himmel
signum, -i n	Zeichen
silentium, -i	Schweigen
silva, -ae f	Wald
similis, simile	gleich
simplex, simplicis	einfach
simul ac	sobald als
sine	ohne
sine dubio	ohne Zweifel
singularis, -e	einzigartig
sino, sinere, sivi, situm	erlauben,gestatten
sitis, sitis f	Durst
societas, societatis f	Gemeinschaft
sol, solis m	Sonne
solacium, -i n	Trost
soleo, solere, solitus sum	gewohnt sein
solus, sola, solum	allein, einzig
solvo, solvere, solvi, solutum	lösen

somnium, -i, n	Traum
somnus, -i	Schlaf
soror, sororis(f)	Schwester
sors, sortis f	Schicksal
species, -ei f	Erscheinung
spectare	schauen
spes, spei f	Hoffnung
sponte sua	von sich aus
statim	sofort,auf der Stelle
statuo, statuere, statui, statutum	beschließen
sto, stas, stare, steti, statum	stehen
studeo, studere, studui	sich bemühen
studium, studii n	Eifer
stupidus, a, um	dumm
suadeo, suadere, suasi, suasum	raten, empfehlen
subigo, subigere, subegi, subactum	unterwerfen
subito	plötzlich
sum, esse, fui	sein
super	über
superbus,a,um	hochmütig
supero, superare, superavi,superatum	besiegen
suppressus, a, um	leise
surgo, surgere, surrexi, surrectum	aufstehen
sustineo, sustinere, sustinui, sustentum	aushalten
suus, sua, suum	sein, ihr
talis, tale	so beschaffen
tam	so
tamen	doch
tamquam	so wie
tandem	schließlich
tango, tangere, tetigi, tactum	berühren
tantum	nur
tantus	so groß

te	dich
tectum, tecti n	Dach, Haus
tego, tegere, texi, tectum	bedecken
telum, teli n	Waffe,Speer,Pfeil
temperantia, -ae f	Maßhalten
tempero, temperare, temperavi, temperatum	mäßigen
tempestas, tempestatis f	Zeitpunkt,Wetter
templum, templi n	Tempel
temptamen, temptaminis	Probe,Versuch
tempto, temptare, temptavi, temptatum	versuchen
tempus, temporis n	Zeit
tenebrae, tenebrarum	Finsternis
teneo, tenere, tenui, tentum	festhalten
tergum, tergi n	Rücken
tero, terere, trivi, tritum	Land
terra, ae(f)	Erde
terror, terroris m	Schrecken
tibi	dir
timeo, times, timere, timui	sich fürchten
timor, -oris m	Furcht
tolero, tolerare, toleravi, toleratum	ertragen
tot	so viele
totus	ganz
trado, tradere, tradidi, traditum	übergeben
traho, trahere, traxi, tractum	ziehen
transeo, transire, transii, transitum	überschreiten
tres	drei
tu	du
tui	deiner
tum, tunc	damals, dann
turba, -ae f	Lärm, Menschenmenge
turpis, -e	hässlich
turris, turris f	Turm

tutela,tutelae f	Schutz,Obhut
tutus,a,um	sicher
tuus,a,um	dein
ubi	wo
ubi terrarum?	wo in aller Welt?
ubicumque	immer, überall wo
ubinam?	wo denn?
ubique	überall
umidus, a, um	feucht
unde	von wo
unde?	woher?
undique	von allen Seiten
universus,a,um	gesamt
unus	eins
unus, -a, -um	ein
urbs, urbis f	Stadt
urgeo, -ere, ursi	drängen
urna,ae(f)	Wasserkrug
ut	dass
ut + Indikativ	wie, als
uter,utra,utrum	welcher von beiden?
utilitas, -tatis f	Nutzen
utor, uti, usus sum	gebrauchen
valde	sehr
varius, a, um	bunt
vates, -is	Priester, Seher
vehemens, vehementis	leidenschaftlich
veho, vehere, vexi, vectum	fahren,führen,tragen
velox,velocis Adjektiv	schnell
vendo,vendere,vendidi,venditum	verkaufen
venia, -ae f	Gnade, Verzeihung
venio, venis, venire, veni, ventum	kommen
ver, veris n	Frühling

verbum,verbi	Verb
vereor, vereri, veritus sum	fürchten
verto, vertere, verti, versum	wenden
verum, veri	Wahrheit
verus, vera, verum	wahr, richtig
vester, vestra, vestrum	euer
veto, vetare, vetui, vetitum	verbieten
vetus,vetus,vetus	alt
via, viae f	Weg
vicinus	nahe
victor, victoris m	Sieger
video, videre, vidi, visum	sehen
videor, videri, visus sum	gesehen werden
vincio, vincire, vinxi, vinctum	binden,fesseln
vinco, vincere, vici, victum	besiegen
virtus virtutis f	Tugend,Tüchtigkeit
vis,(Akk) vim,(Abl) vi, vires	Kraft
visito, visitare, visitavi, visitatum	besuchen
vita,vitae f	Leben
vitium, -i n	Fehler, Mangel
vito, vitare, vitavi, vitatum	meiden
vivo, -ere	leben
vivus, viva, vivum	lebend
vix	kaum
vobis	euch
voco, vocare	rufen
volo, velle, volui	wollen
voluntas, -tatis f	Wille, Wunsch
vos	ihr
vos	euch
vostri	euer(Genitiv)
voveo, vovere, vovi	geloben
vox, vocis f	Stimme

Register:

Quellen:

Grammadux, Die lateinische Kurzgrammatik
Pons Schülerwörterbuch Latein-Deutsch/ Deutsch-Latein
PonsVerbtabellen

Nun, wo Du Latein kennst, wäre Alt-Griechisch das Richtige für Dich:

Lerne Alt-Griechisch
Ein Kurs für Anfänger
ISBN 978-3-920564-72-2 Das ist ein Kurs für Anfänger ohne jegliche Vorkenntnisse. Er hat die Aufgabe, den Lernenden in die Grundzüge des Alt-Griechischen einzuführen und ihn in die Lage zu versetzen, einfache Texte lesen und übersetzen zu können. Ein Vokabel-Verzeichnis ist am Ende vorhanden. Geeignet für Schüler und Erwachsene.